小学2年生 言葉と文法に ぐーんと強くなる

もくじ

1 カタカナの れんしゅう① …… 2
2 カタカナの れんしゅう② …… 4
3 カタカナの ことば① …… 6
4 カタカナの ことば② …… 8
5 カタカナの ことば③ …… 10
6 ふくしゅうドリル① …… 12
7 なかまの ことば① …… 14
8 なかまの ことば② …… 16
9 なかまの ことば③ …… 18
10 はんたいの いみの ことば① …… 20
11 はんたいの いみの ことば② …… 22
12 はんたいの いみの ことば、にた いみの ことば …… 24
13 ふくしゅうドリル② …… 26
14 組み合わせた ことば① …… 28
15 組み合わせた ことば② …… 30
16 組み合わせたこ …… 32
17 音や ようすを表 …… 34
18 音や ようすをあ …… 36
19 ふくしゅうドリ …… 38
20 かん字の 組み立 …… 40
21 かん字の 組み立 …… 42
22 同じ ぶぶんをも …… 44
23 同じ ぶぶんをも …… 46
24 ふくしゅうドリル …… 48
25 かん字の いろいろ …… 50
26 かん字の いろいろ …… 52
27 なかまの かん字① …… 54
28 なかまの かん字② …… 56
29 ふくしゅうドリル⑤ …… 58
30 形の にた かん字① …… 60
31 形の にた かん字② …… 62
32 同じ 読み方の かん字① …… 64
33 同じ 読み方の かん字② …… 66
34 ふくしゅうドリル⑥ …… 68
35 かなづかい① …… 70
36 かなづかい② …… 72
37 丸(。)、点(、)、かぎ(「」)の つかい方① …… 74
38 丸(。)、点(、)、かぎ(「」)の つかい方② …… 76
39 丸(。)、点(、)、かぎ(「」)の つかい方③ …… 78
40 丸(。)、点(、)、かぎ(「」)の つかい方④ …… 80
41 ふくしゅうドリル⑦ …… 82
42 文の 組み立て① …… 84
43 文の 組み立て② …… 86
44 文の 組み立て③ …… 88
45 文の 組み立て④ …… 90
46 文の 組み立て⑤ …… 92
47 文の 組み立て⑥ …… 94
48 ふくしゅうドリル⑧ …… 96
49 こそあど ことば① …… 98
50 こそあど ことば② …… 100
51 文を つなぐ ことば① …… 102
52 文を つなぐ ことば② …… 104
53 いろいろな 言い方① …… 106
54 いろいろな 言い方② …… 108
55 いろいろな 言い方③ …… 110

56 いろいろな 言い方④ …… 112
57 ふくしゅうドリル⑨ …… 114
58 テスト① …… 116
59 テスト② …… 118
60 テスト③ …… 120
答え …… 122

この 本の つかい方

- 1回から じゅんに、学しゅう しましょう。
- もんだいに 入る 前に、まとめコーナーを 読みましょう。
- もんだいは、 **1**から じゅんに やります。
- 答え合わせを して、 点数を つけます。つけ方が わからない ときは おうちの かたに 見て もらいましょう。
- まちがえた ところを 直して、100点に したら、 おわりです。

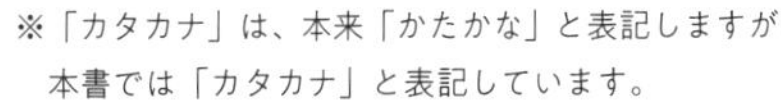
※「カタカナ」は、本来「かたかな」と表記しますが、本書では「カタカナ」と表記しています。

1 カタカナ(かたかな)の れんしゅう①

カタカナ(かたかな)の ひょう

うすい 字を なぞって、カタカナ(かたかな)の ひょうを 作(つく)りましょう。

ワ	ラ	ヤ	マ	ハ	ナ	タ	サ	カ	ア
(イ)	リ	(イ)	ミ	ヒ	ニ	チ	シ	キ	イ
(ウ)	ル	ユ	ム	フ	ヌ	ツ	ス	ク	ウ
(エ)	レ	(エ)	メ	ヘ	ネ	テ	セ	ケ	エ
ヲ	ロ	ヨ	モ	ホ	ノ	ト	ソ	コ	オ

ン

さ	か	あ
サ	カ	ア
し	き	い
シ	キ	イ
す	く	う
ス	ク	ウ
せ	け	え
セ	ケ	エ
そ	こ	お
ソ	コ	オ

1

□に 上の 絵(え)に 合(あ)うように、カタカナ(かたかな)を 書(か)きましょう。（一つ10てん）

(1) 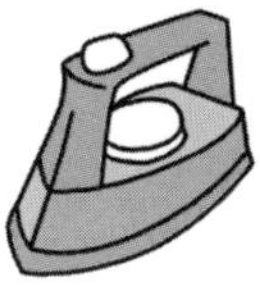 ア あいろん

(2)  ハ はんかち

(3)  オ おむれつ

(4)  ラ らいおん

(5)  ネ ねくたい

とくてん

てん

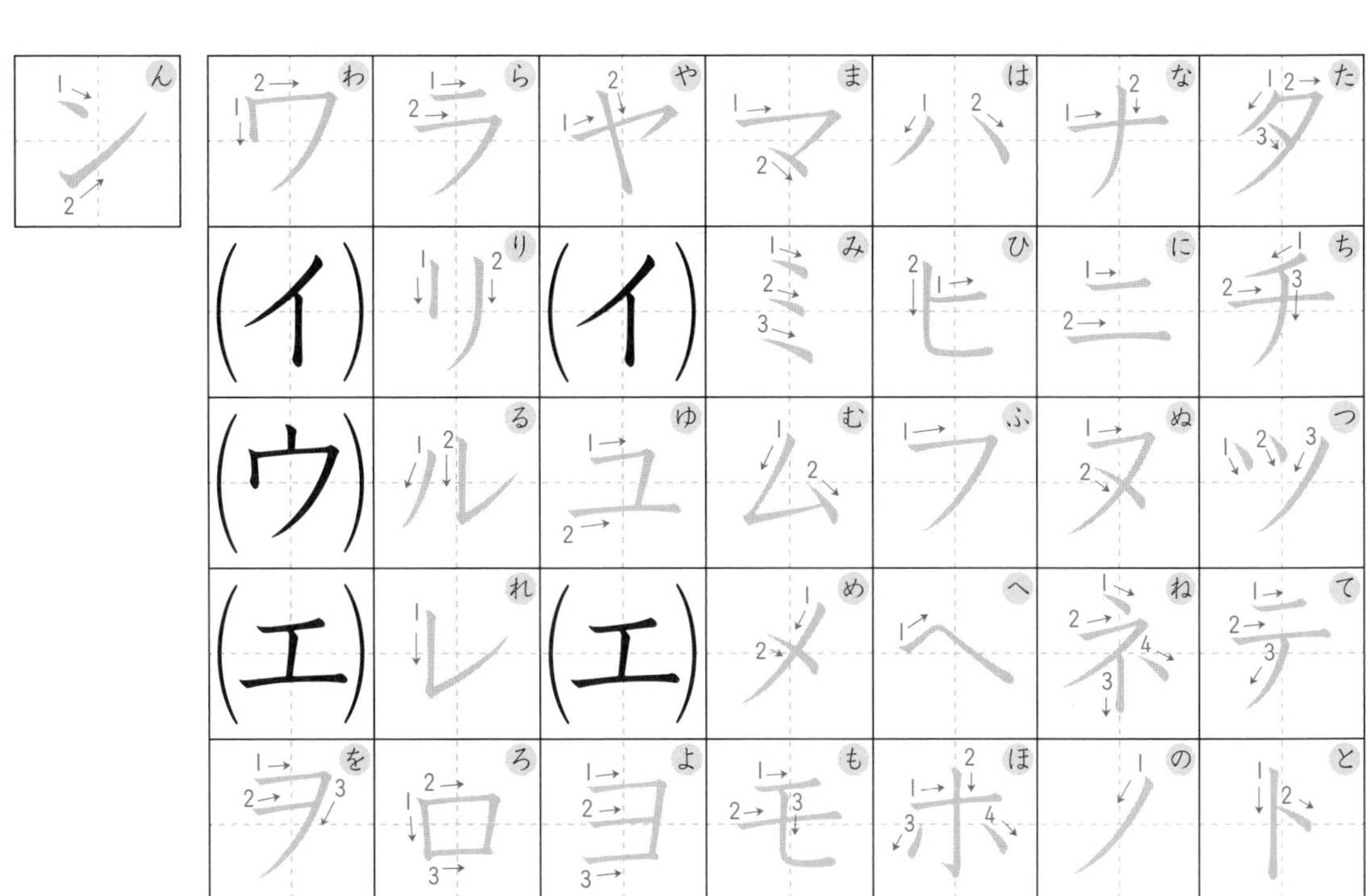

タ た チ ち ツ つ テ て ト と
ナ な ニ に ヌ ぬ ネ ね ノ の
ハ は ヒ ひ フ ふ ヘ へ ホ ほ
マ ま ミ み ム む メ め モ も
ヤ や (イ) ユ ゆ (エ) ヨ よ
ラ ら リ り ル る レ れ ロ ろ
ワ わ (イ) (ウ) (エ) ヲ を
ン ん

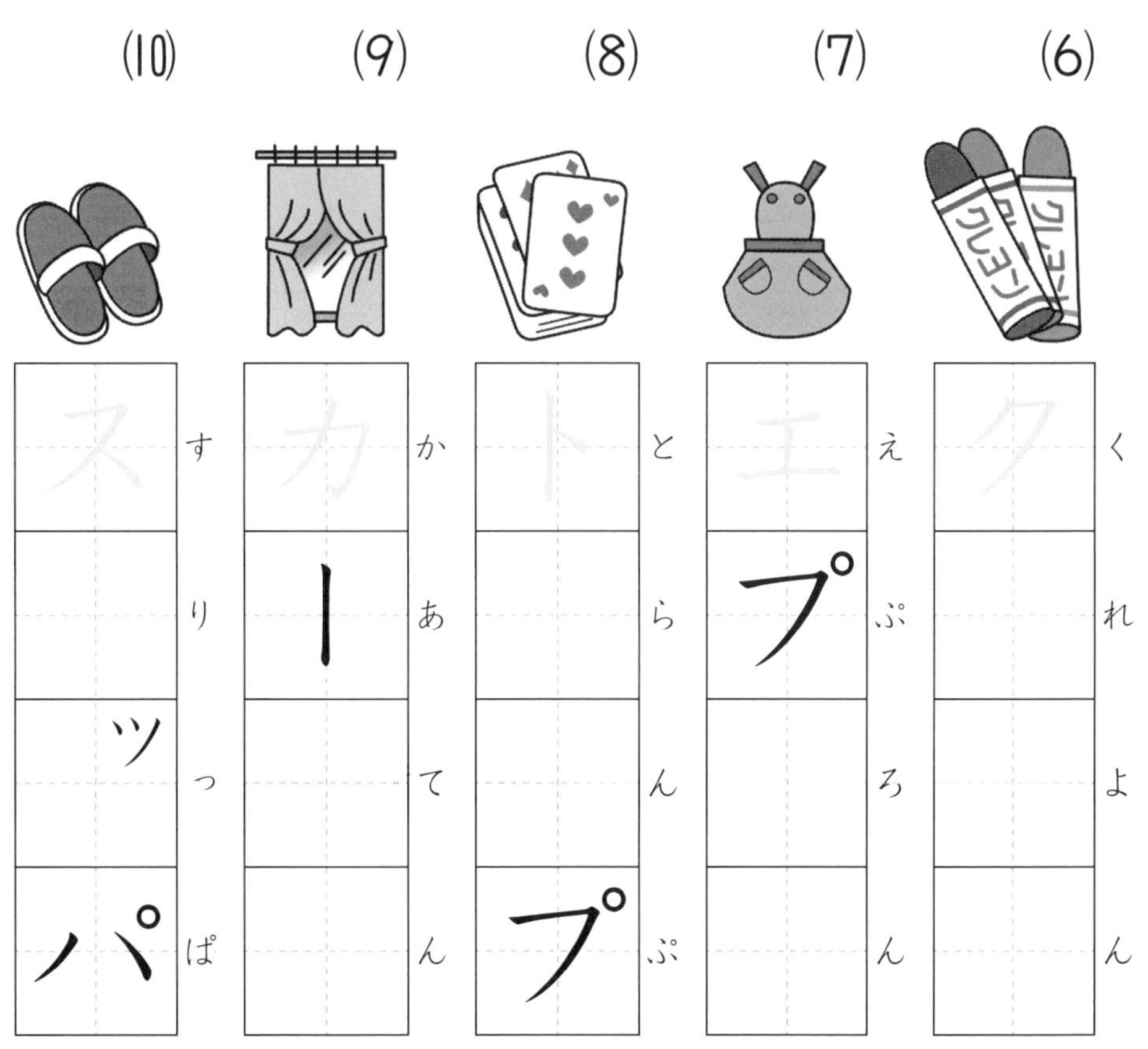

(6) ク く れ よ ん
(7) エ え プ ぷ ろ ん
(8) ト と ら ん プ ぷ
(9) カ か ー あ て ん
(10) ス す り ッ っ パ ぱ

② カタカナの れんしゅう②

とくてん　　てん

カタカナの 書きあらわし方

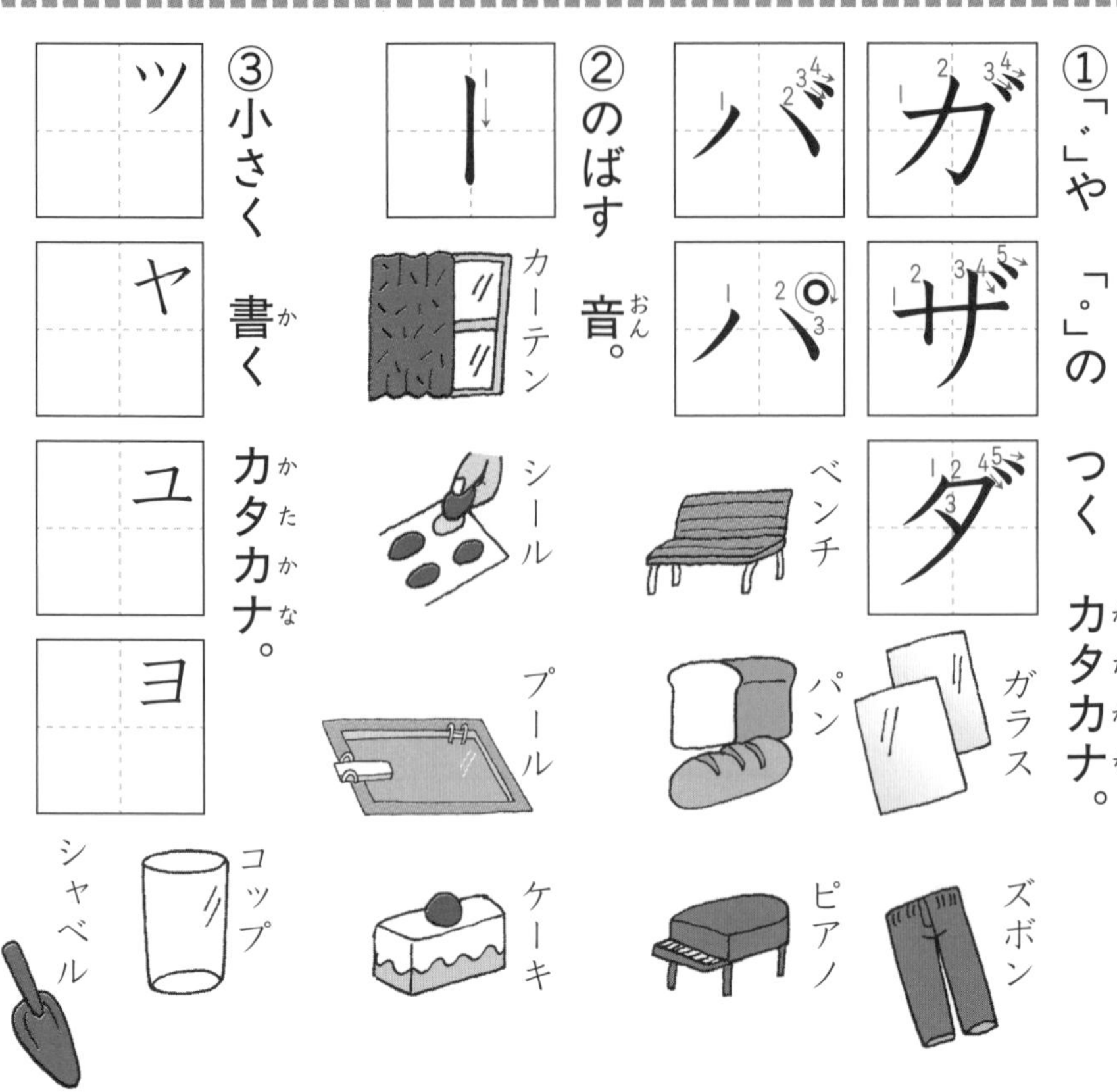

1 上の 絵に 合うように、□に カタカナを 書きましょう。（一つ 6てん）

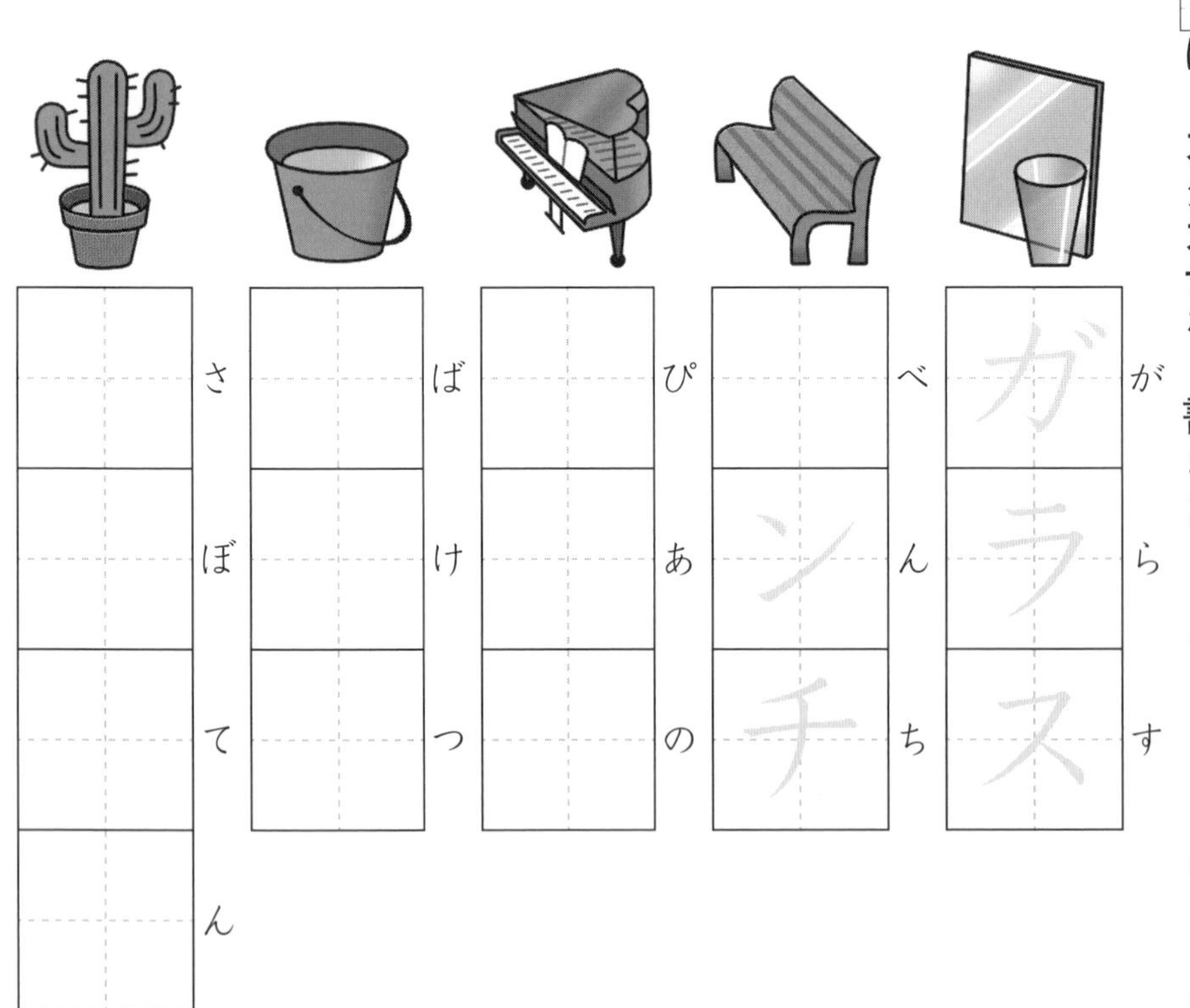

2 □に 上の 絵に 合うように、カタカナを 書きましょう。（一つ 6てん）

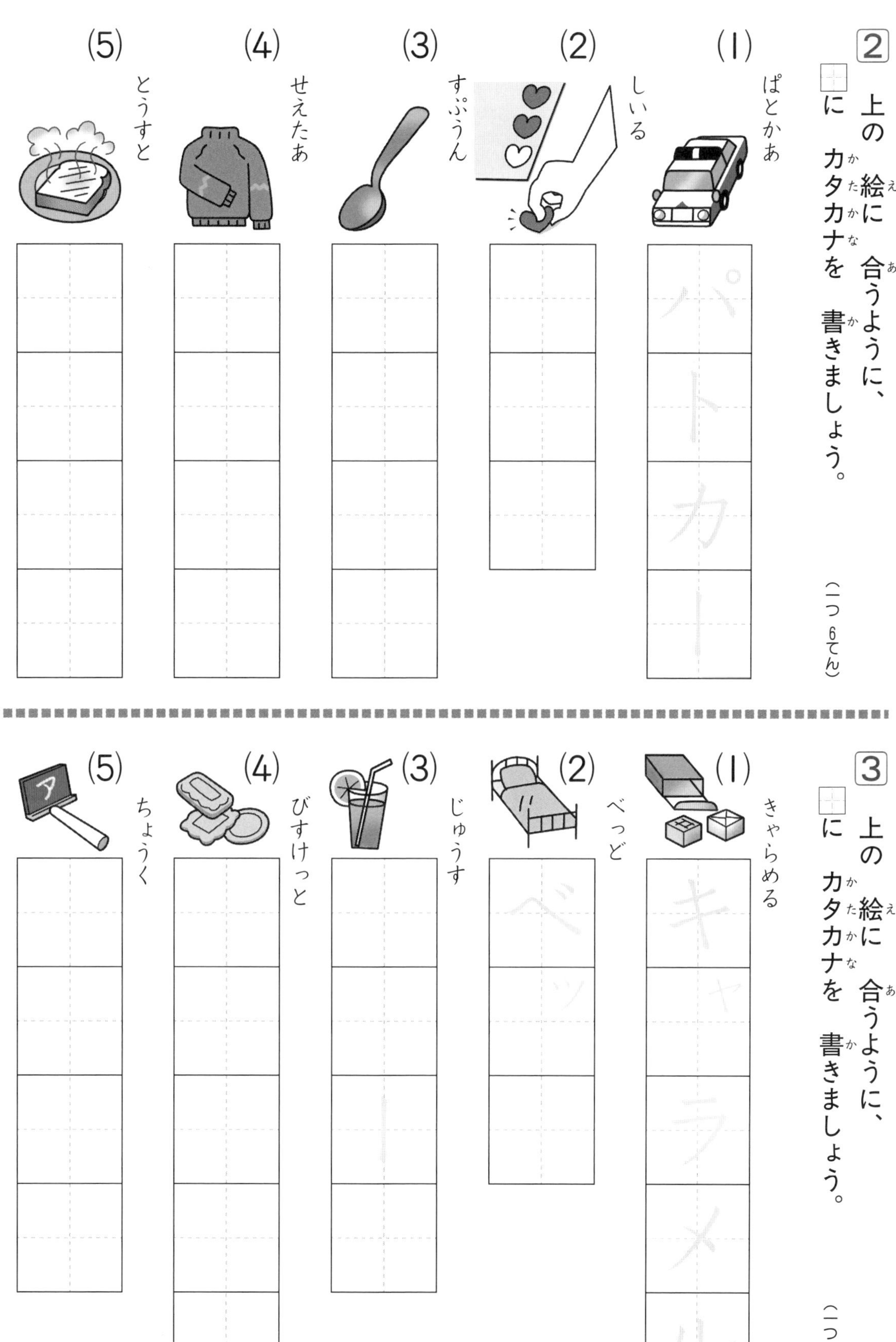

(1) ぱとかあ　パトカー
(2) しいる
(3) すぷうん
(4) せえたあ
(5) とうすと

3 □に 上の 絵に 合うように、カタカナを 書きましょう。（一つ 8てん）

(1) きゃらめる　キャラメル
(2) べっど　ベッ
(3) じゅうす
(4) びすけっと
(5) ちょうく

③ カタカナの ことば①

カタカナで 書く ことば

つぎのような ことばは、カタカナで 書く ことばです。

①外国の 国・土地・人の 名前。 れい スイス エジソン パリ	③いろいろな ものの 音。 れい ドンドン ジリリリ ガチャン
②外国から きた ことば。 れい メロン ドア ノート	④どうぶつの 鳴き声。 れい ワンワン ニャーニャー カーカー

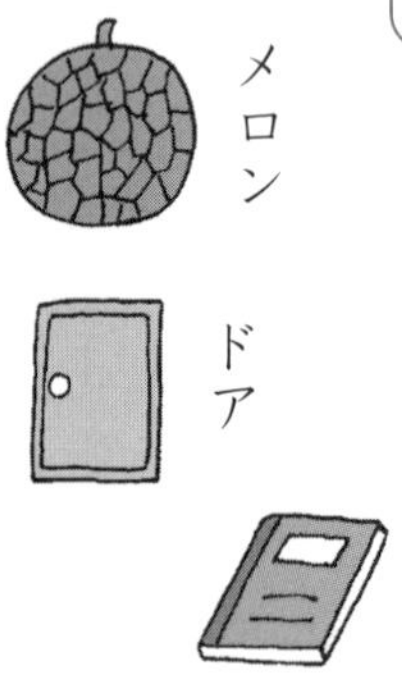

外国から 入って きた ことばや、音や 声を あらわす ことばは、カタカナで 書きます。

1 外国の 国や 土地や 人の 名前を、カタカナで 書きましょう。（一つ 8てん）

(1) すいす

(2) ふらんす

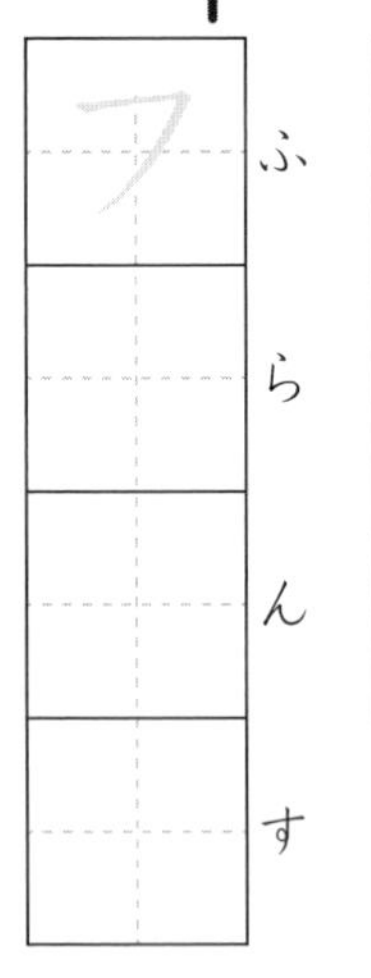

(3) ろんどん

(4) えじそん

(5) しんでれら

とくてん　　てん

2 外国からきたことばを、カタカナで書きましょう。（一つ5てん）

(1) 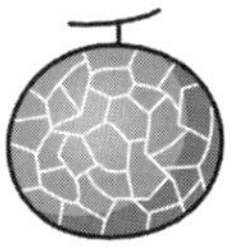 めろん
メ

(2)  みるく
ミ

(3) 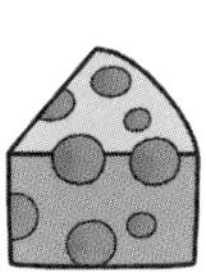 ちいず
チ

(4)  のうと
ノ

(5)  とらっく
ト

(6)  らんどせる
ラ

3 どうぶつの鳴き声を、カタカナで書きましょう。（一つ5てん）

(1)  わんわん
ワ

(2)  ひひいん
ヒ

(3)  ちゅんちゅん
チ

4 いろいろなものの音を、カタカナで書きましょう。（一つ5てん）

(1)  がちゃん
ガ

(2)  ざあざあ
ザ

(3)  ばしゃばしゃ
バ

4 カタカナの ことば②

1 外国の 国や 土地や 人の 名前を □から えらんで、（ ）に カタカナで 書きましょう。（一つ 5てん）

(1) いんど　おおさか
（　　）

(2) よこはま　ろんどん
（　　）

(3) のぐちひでよ　えじそん
（　　）

(4) しんでれら　ももたろう
（　　）

2 外国から きた ことばを □から えらんで、（ ）に カタカナで 書きましょう。（一つ 6てん）

(1) みるく　いちご
（　　）

(2) ちいず　なす
（　　）

(3) ふろしき　らんどせる
（　　）

(4) とらっく　くるま
（　　）

(5) すいか　めろん
（　　）

とくてん
てん

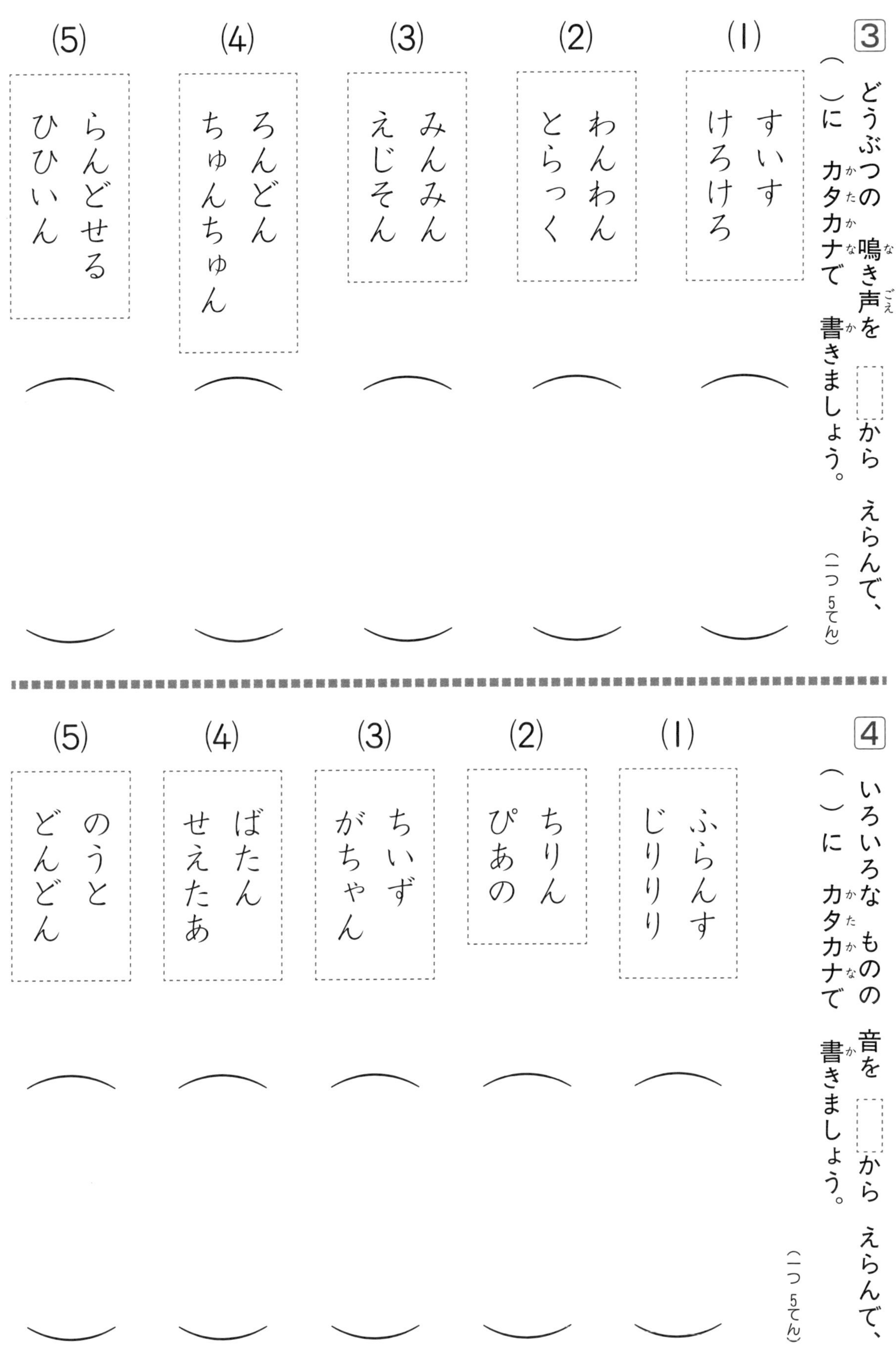

3 どうぶつの 鳴き声を [ ] から えらんで、( )に カタカナで 書きましょう。（一つ 5てん）

(1) すいす けろけろ ( )

(2) わんわん とらっく ( )

(3) みんみん えじそん ( )

(4) ろんどん ちゅんちゅん ( )

(5) らんどせる ひひいん ( )

4 いろいろな ものの 音を [ ] から えらんで、( )に カタカナで 書きましょう。（一つ 5てん）

(1) ふらんす じりりり ( )

(2) ちりん ぴあの ( )

(3) ちいず がちゃん ( )

(4) ばたん せえたあ ( )

(5) のうと どんどん ( )

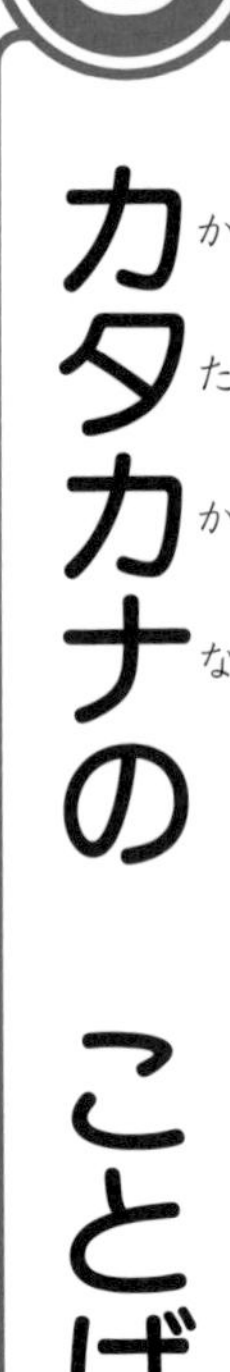

5 カタカナの ことば③

とくてん　　てん

1 ［　］の ことばを、つぎの ⑴〜⑷に 分けて、（　）に カタカナで 書きましょう。（一つ 4てん）

わんわん・えじそん
ふらんす・みるく
ぽちゃん・ろんどん
かんかん・ちいず
みんみん・とんとん
けろけろ・めろん

⑴ 外国の 国や 土地や 人の 名前。
（　　　）・（　　　）

⑵ 外国から きた ことば。
（　　　）・（　　　）

⑶ どうぶつの 鳴き声。
（　　　）・（　　　）

⑷ いろいろな ものの 音。
（　　　）・（　　　）

2 カタカナで書いたほうがよいことばを二つずつ見つけて、（　）にカタカナで書きましょう。（一つ 4てん）

(1) おうすとらりあには、こあらがすんでいる。

（　　　）・（　　　）

(2) いんどのかれえは、とてもおいしい。

（　　　）・（　　　）

(3) しんでれらは、がらすのくつをはいた。

（　　　）・（　　　）

---

3 つぎのことばをカタカナに直して、みじかい文を作りましょう。（(1)は 8てん、(2)(3)は 一つ 10てん）

〈れい〉ぱん・じゃむ

ぼくは、パンにジャムをつけてたべた。

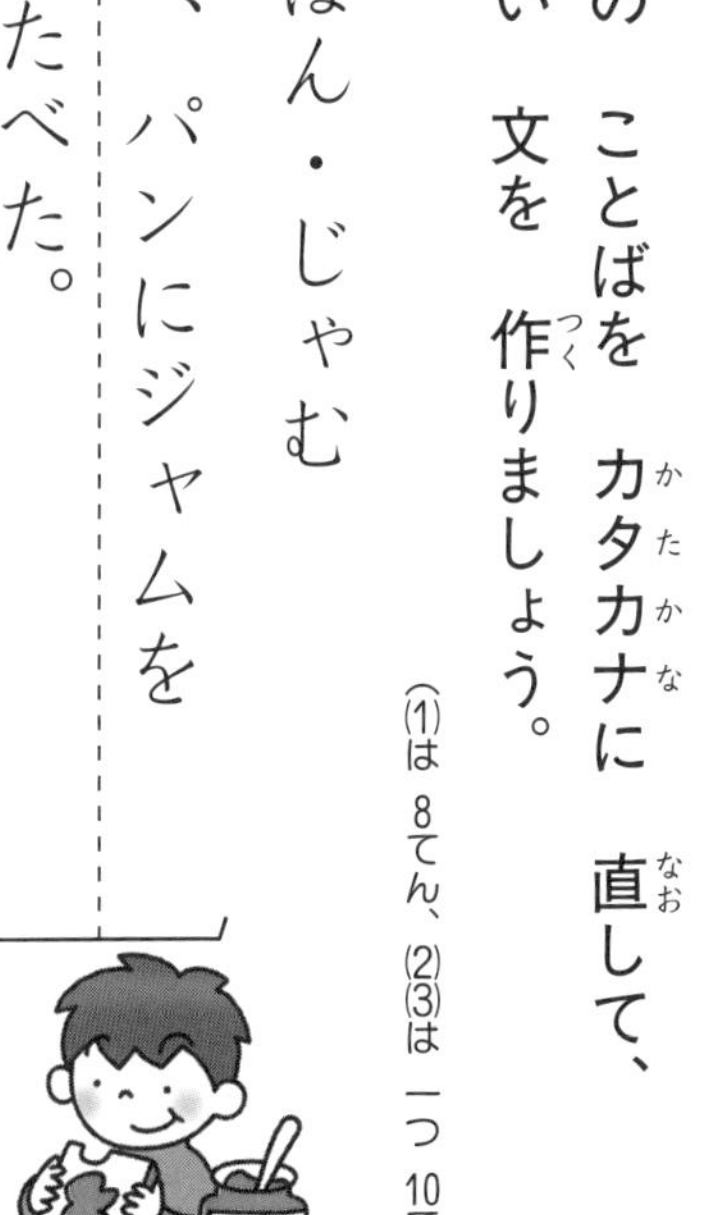

(1) こっぷ・じゅうす

わたしは、

(2) らんどせる・のうと

(3) ころっけ・そうす

ふくしゅうドリル①

1 上の 絵に 合うように、□に カタカナを 書きましょう。（一つ 3てん）

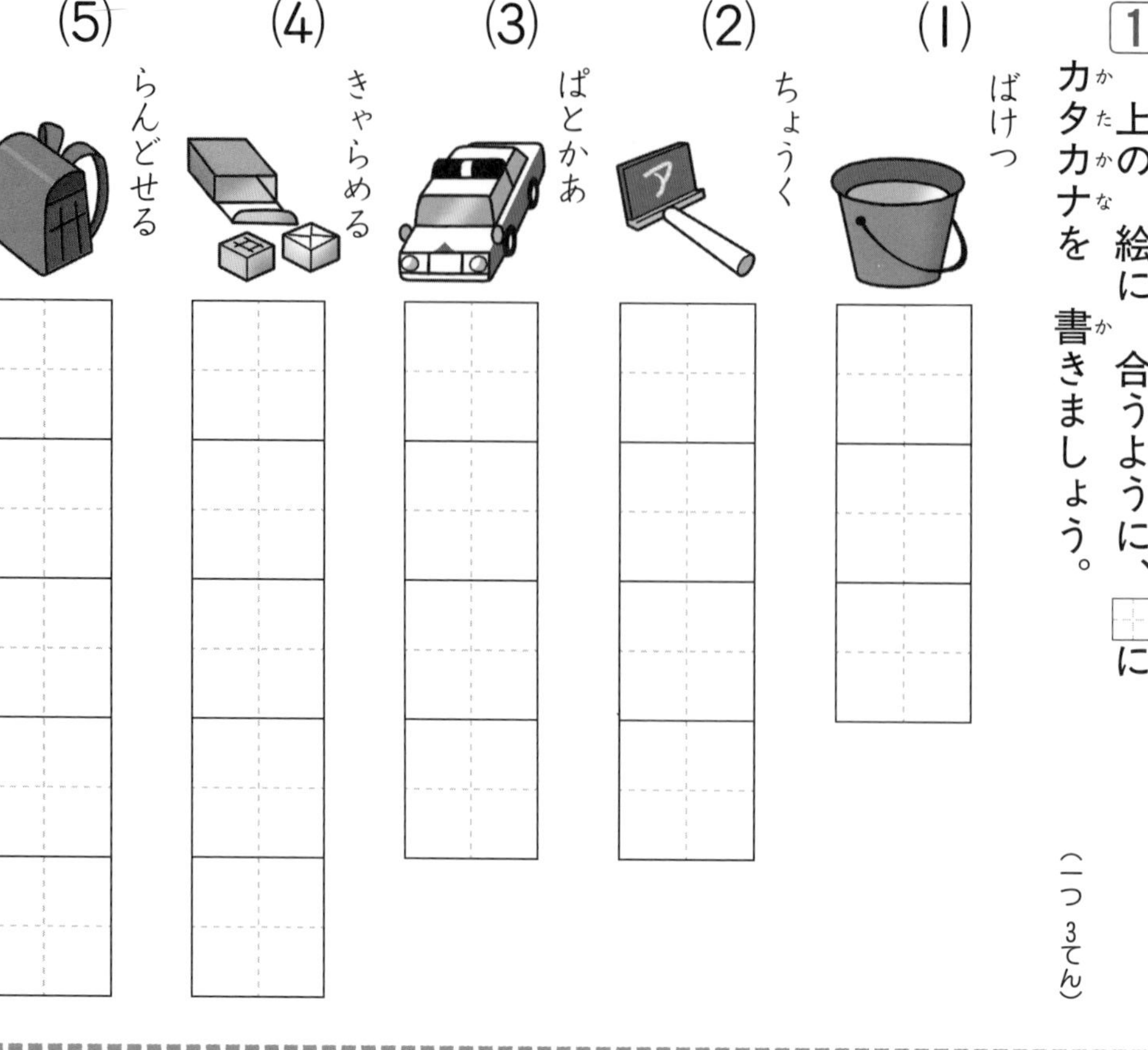

(1) ばけつ
(2) ちょうく
(3) ぱとかあ
(4) きゃらめる
(5) らんどせる

2 どうぶつの 鳴き声や、いろいろな ものの 音を、カタカナで 書きましょう。（一つ 3てん）

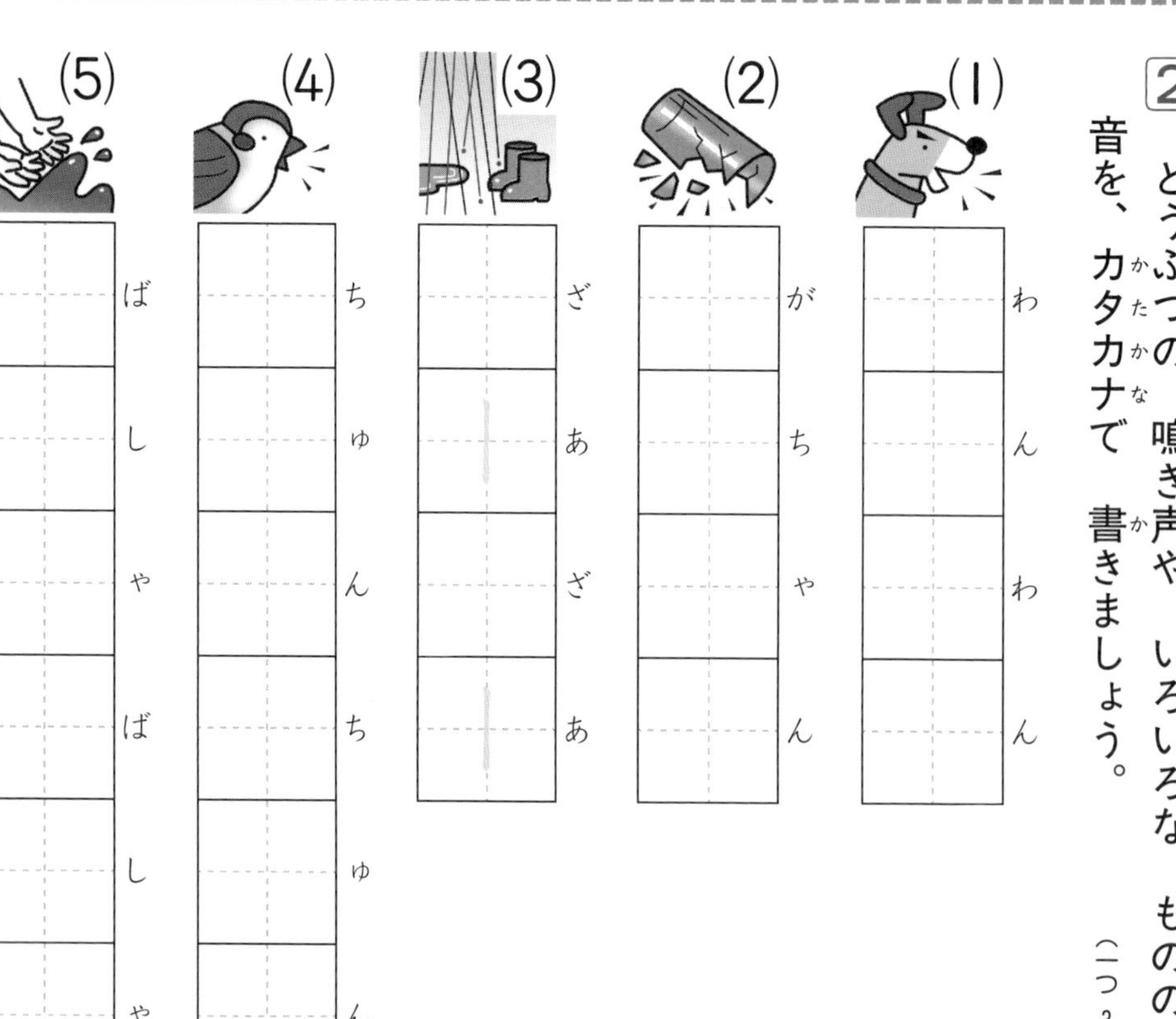

(1) わんわん
(2) がちゃん
(3) ざあざあ
(4) ちゅんちゅん
(5) ばしゃばしゃ

とくてん　　てん

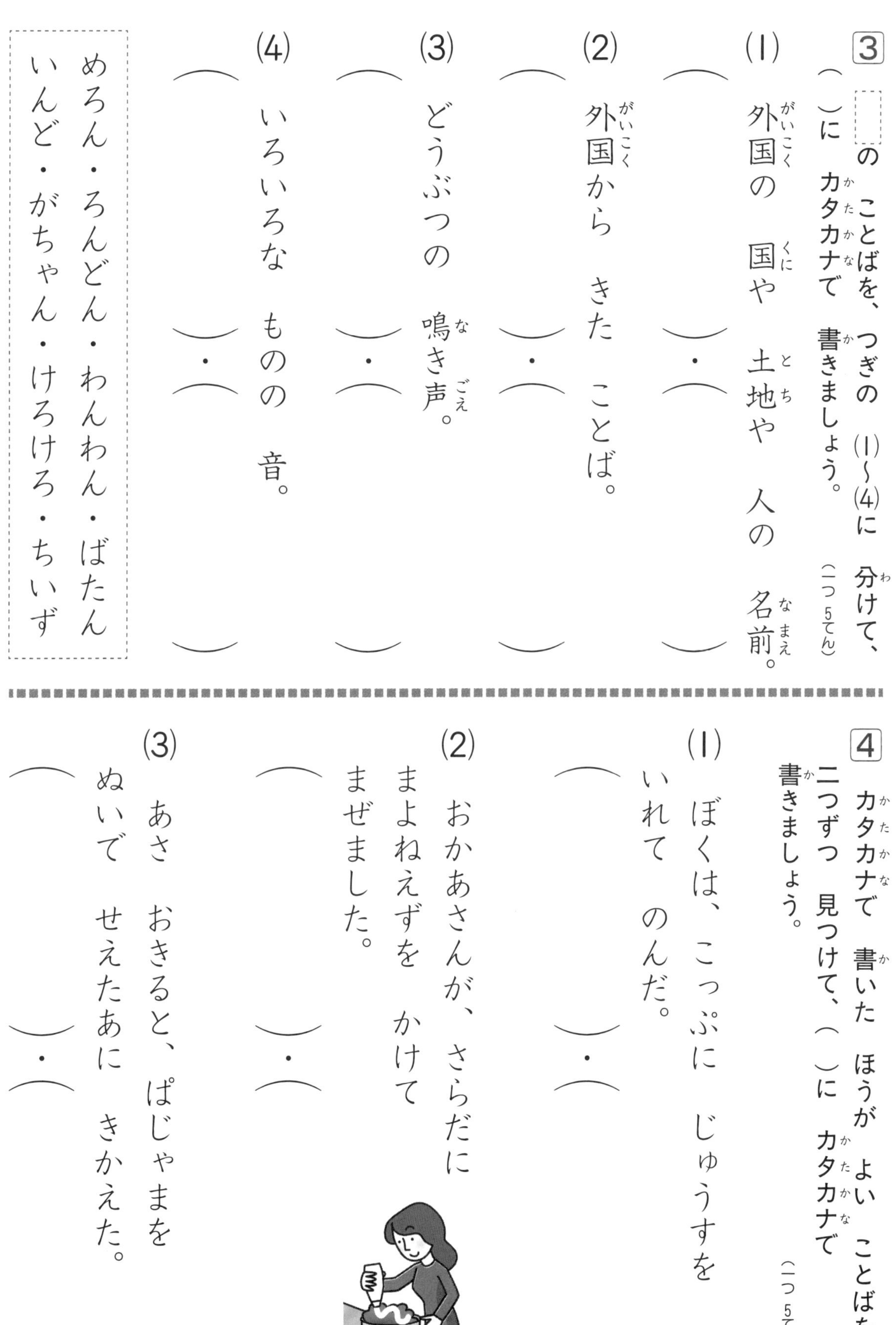

3 □の ことばを、つぎの (1)～(4)に 分けて、( )に カタカナで 書きましょう。（一つ 5てん）

(1) 外国の 国や 土地や 人の 名前。
( )・( )

(2) 外国から きた ことば。
( )・( )

(3) どうぶつの 鳴き声。
( )・( )

(4) いろいろな ものの 音。
( )・( )

めろん・ろんどん・わんわん・ばたん
いんど・がちゃん・けろけろ・ちいず

4 カタカナで 書いた ほうが よい ことばを、二つずつ 見つけて、( )に カタカナで 書きましょう。（一つ 5てん）

(1) ぼくは、こっぷに じゅうすを いれて のんだ。
( )・( )

(2) おかあさんが、さらだに まよねえずを かけて まぜました。
( )・( )

(3) あさ おきると、ぱじゃまを ぬいで せえたあに きかえた。
( )・( )

なかまの ことば①

なかまに なる ことば

ことばは、いろいろな なかまに 分ける ことが できます。

「犬・牛・ねこ・ライオン」は どうぶつの なかまで、「なす・トマト・だいこん・かぼちゃ」は やさいの なかまです。

おぼえよう

- バス・トラック・タクシー…↑車の なかま
- 赤・青・黄・ピンク・みどり…↑色の なかま
- 丸・三角・四角・ひし形…↑形の なかま

1 〜〜から なかまで ない ことばを、一つずつ えらんで、○で かこみましょう。（一つ 4てん）

(1) 犬・つくえ・牛・ねこ

(2) なす・きゅうり・だいこん・車

(3) バス・トラック・タクシー・本

(4) 青・ピンク・赤・テレビ

(5) 丸・えんぴつ・ひし形・三角

とくてん　　てん

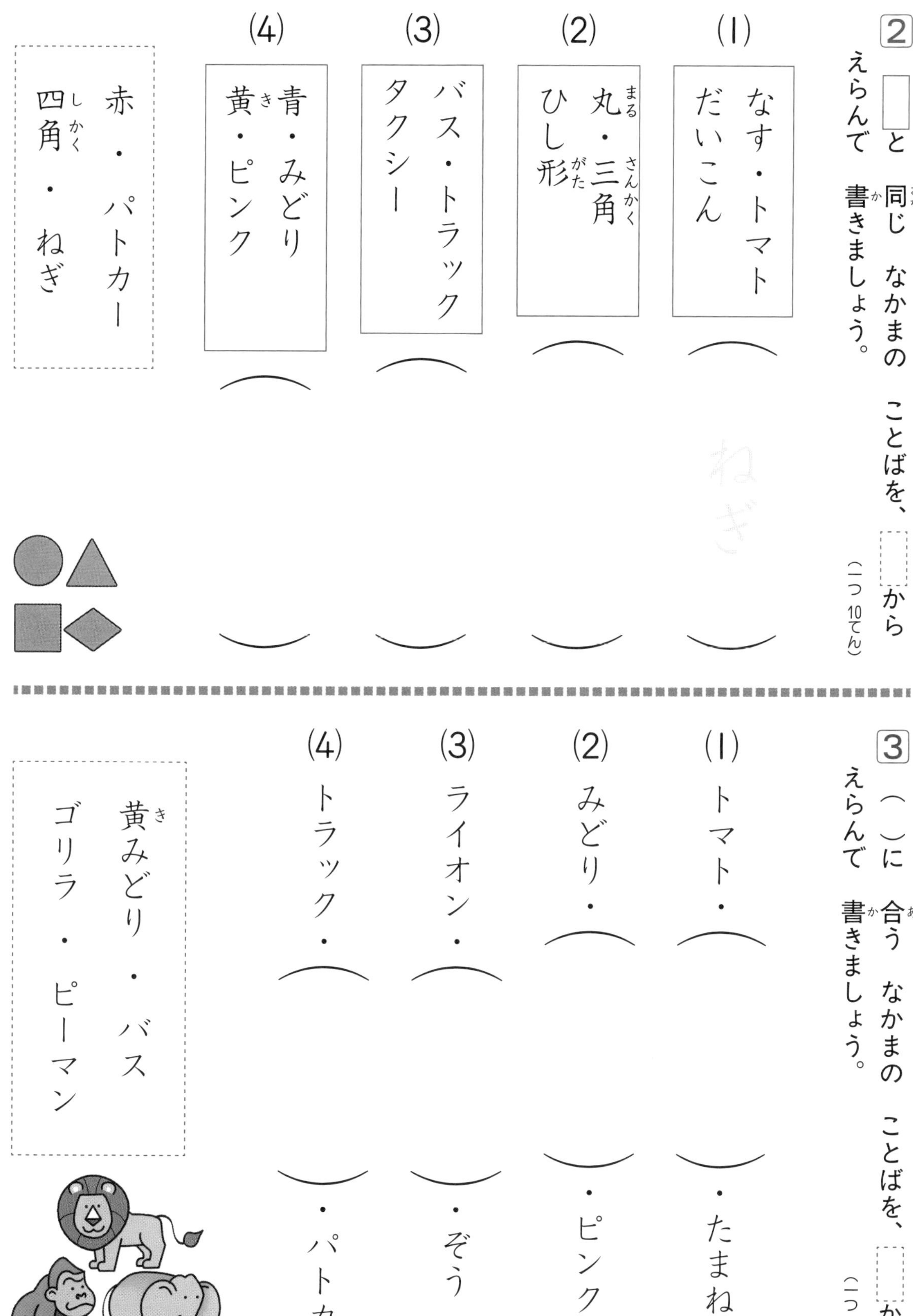

2 □と 同(おな)じ なかまの ことばを、□から えらんで 書(か)きましょう。（一つ 10てん）

(1) なす・トマト・だいこん　（　　　　）

(2) 丸(まる)・三角(さんかく)・ひし形(がた)　（　　　　）

(3) バス・トラック・タクシー　（　　　　）

(4) 青・みどり・黄(き)・ピンク　（　　　　）

赤・パトカー・四角(しかく)・ねぎ

3 （　）に 合(あ)う なかまの ことばを、□から えらんで 書(か)きましょう。（一つ 10てん）

(1) トマト・（　　　　）・たまねぎ

(2) みどり・（　　　　）・ピンク

(3) ライオン・（　　　　）・ぞう

(4) トラック・（　　　　）・パトカー

黄(き)みどり・バス・ゴリラ・ピーマン

8 なかまの ことば②

なかまに まとめる ことば

①なかまの ことばを ひとまとめに いう ことばが あります。

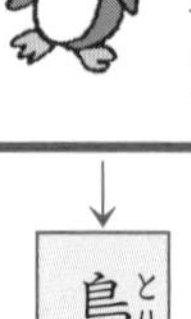
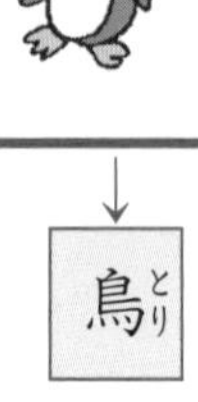

「鳥（とり）」は、「からす・すずめ・あひる・ペンギン」を なかまに まとめる ことばです。

②なかまに まとめる ことばには、いみの 広（ひろ）い ものと、せまい ものが あります。

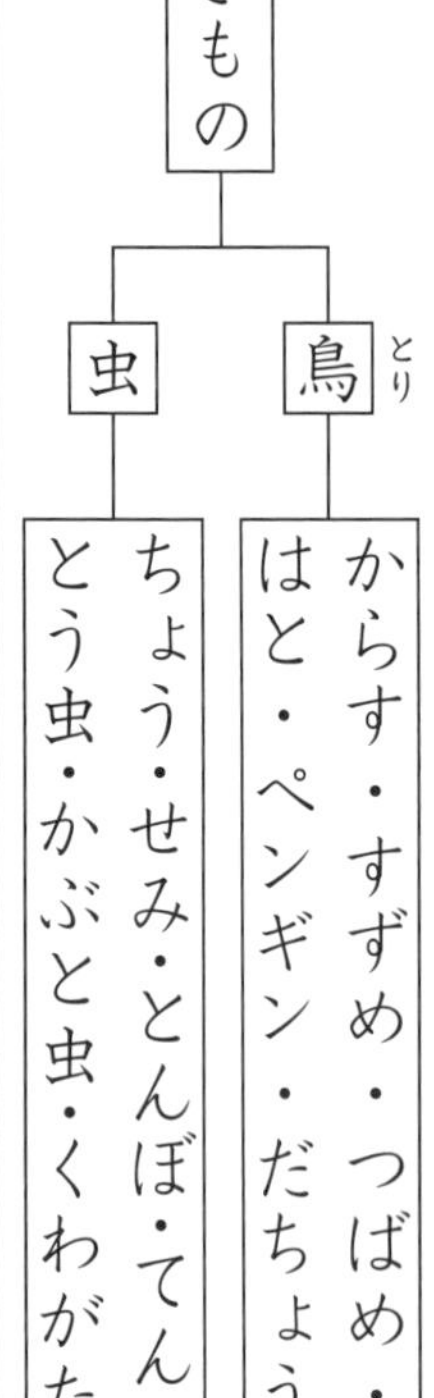

「生きもの」は 広（ひろ）い いみ、「からす」や「ちょう」などは、せまい いみに なります。

1 □の ことばを、ひとまとめに いう ことばを、○で かこみましょう。（一つ 4てん）

(1) バナナ・りんご・みかん・ぶどう
　（くだもの）・どうぶつ

(2) からす・つばめ・すずめ・はと
　鳥（とり）・のみもの

(3) ちょう・せみ・とんぼ・ばった
　どうぐ・虫

(4) だいこん・なす・トマト・かぶ
　野（や）さい・スポーツ

(5) ケーキ・だんご・あめ・プリン
　形（かたち）・おかし

とくてん　　てん

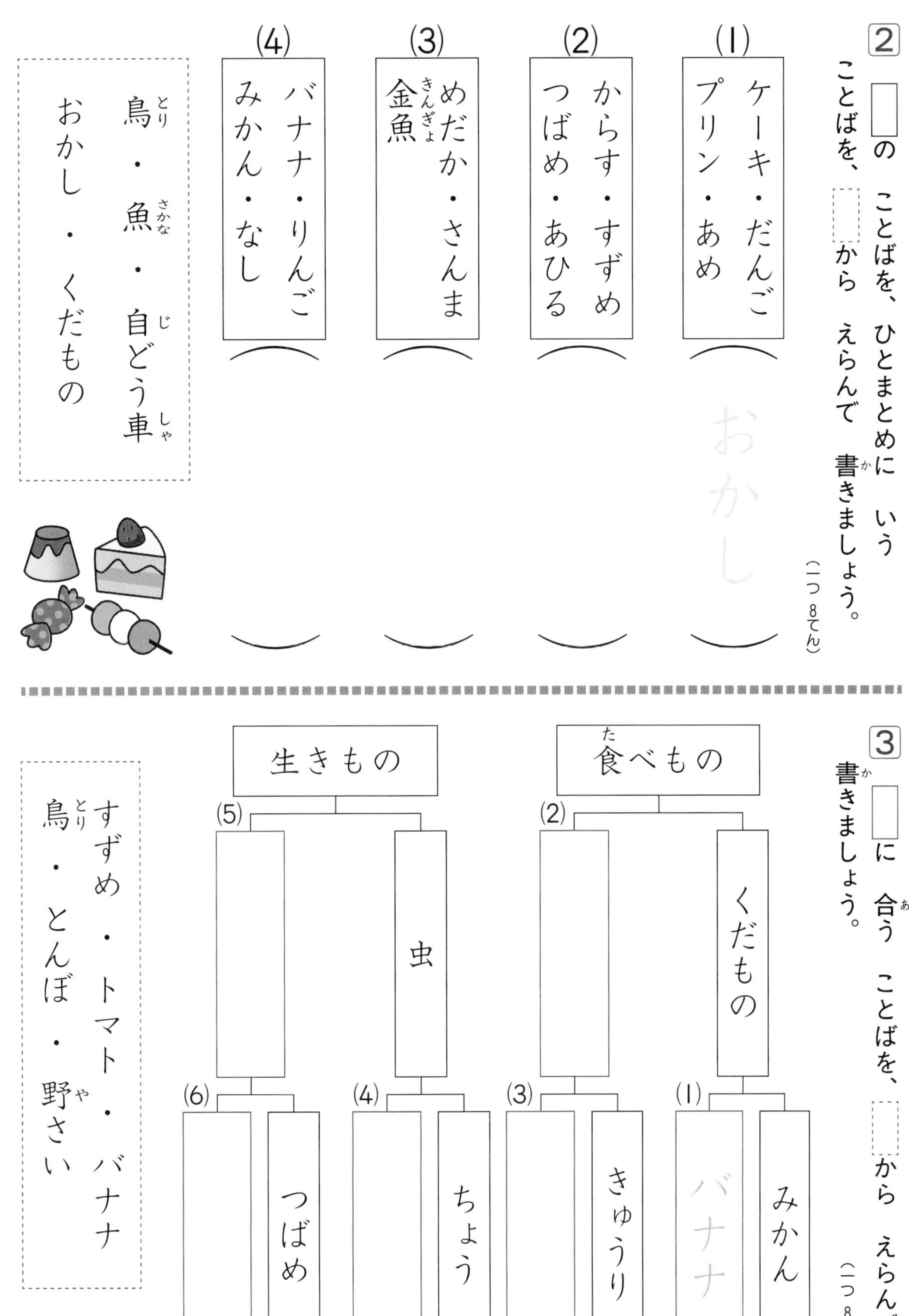

2 □の　ことばを、ひとまとめに　いう　ことばを、□から　えらんで　書きましょう。（一つ　8てん）

(1) ケーキ・だんご・プリン・あめ　（おかし）

(2) からす・すずめ・つばめ・あひる　（　　）

(3) めだか・さんま・金魚　（　　）

(4) バナナ・りんご・みかん・なし　（　　）

鳥・魚・自どう車・おかし・くだもの

3 □に　合う　ことばを、□から　えらんで　書きましょう。（一つ　8てん）

食べもの
- (2) □
  - (3) □・きゅうり
- くだもの
  - (1) バナナ・みかん

生きもの
- (5) □
  - (6) □・つばめ
- 虫
  - (4) □・ちょう

すずめ・トマト・バナナ・鳥・とんぼ・野さい

なかまの　ことば③

うごきや　ようすを　あらわす　ことば

①うごきを　あらわす　ことばの　中には、体の　ぶぶんで　する　うごきが　あります。

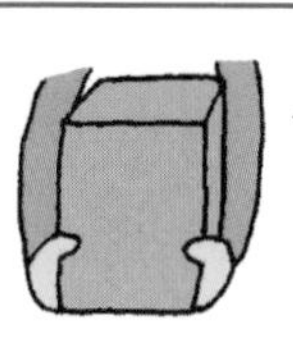
もつ

とる

つかむ

なげる

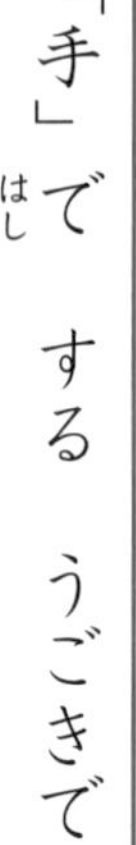
おぼえよう
どれも「手」で　する　うごきです。

●走る・ける・とぶ↑足
●話す・のむ・食べる↑口
●見る・ながめる・のぞく↑目

②ことばの　中には、ものごとの　ようすを　あらわす　ことばが　あります。

赤い　花。

大きい　はこ。

1　□の　ぶぶんで　する　うごきを、二つずつ　えらんで、◯で　かこみましょう。（一つ　5てん）

(1)　手
もつ・さけぶ
なく・つかむ

(2)　足
走る・話す
歩く・見る

(3)　口
さく・食べる
話す・にらむ

(4)　目
歩く・はねる
見る・ながめる

とくてん　　てん

2 （ ）に 合う ことばを、□から えらんで 書きましょう。（一つ7てん）

(1) （赤い） ふくを きる。

赤い・バナナ

(2) （　　） かばんを もつ。

つかむ・大きい

(3) （　　） 光を てらす。

明るい・とんぼ

(4) （　　） お茶を のむ。

ながめる・あつい

3 □の ことばを つかって、絵に 合う 文を 作りましょう。（一つ8てん）

(1) なげる

ぼくは、ボールを なげる。

(2) 食べる

わたしは、

(3) ける

ぼくは、

(4) 見る

わたしは、

⑩ はんたいの　いみの　ことば①

とくてん
てん

はんたいの　いみの　ことば①

ことばには、はんたいの　ようすを　あらわす　ものが　あります。

大きい　はこ。

小さい　はこ。

新しい　くつ。

古い　くつ。

おぼえよう

・広い↔せまい　へや。

・長い↔みじかい　リボン。

・えきは　遠い。↔えきは　近い。

・人の　数が　多い。↔人の　数が　少ない。

1　はんたいの　いみの　ことばを、◯で　かこみましょう。（一つ6てん）

(1) 大きい ↔ 〔小さい（例）・少ない〕

(2) 長い ↔ 〔明るい・みじかい〕

(3) 強い ↔ 〔弱い・せまい〕

(4) 多い ↔ 〔少ない・くらい〕

(5) 太い ↔ 〔古い・細い〕

2 はんたいの いみの ことばを、□から えらんで 書きましょう。（一つ 6てん）

(1) 小さい ↔ （大きい）

(2) 少ない ↔ （　　）

(3) 新しい ↔ （　　）

(4) せまい ↔ （　　）

(5) あつい ↔ （　　）

大きい・多い・広い
さむい・古い

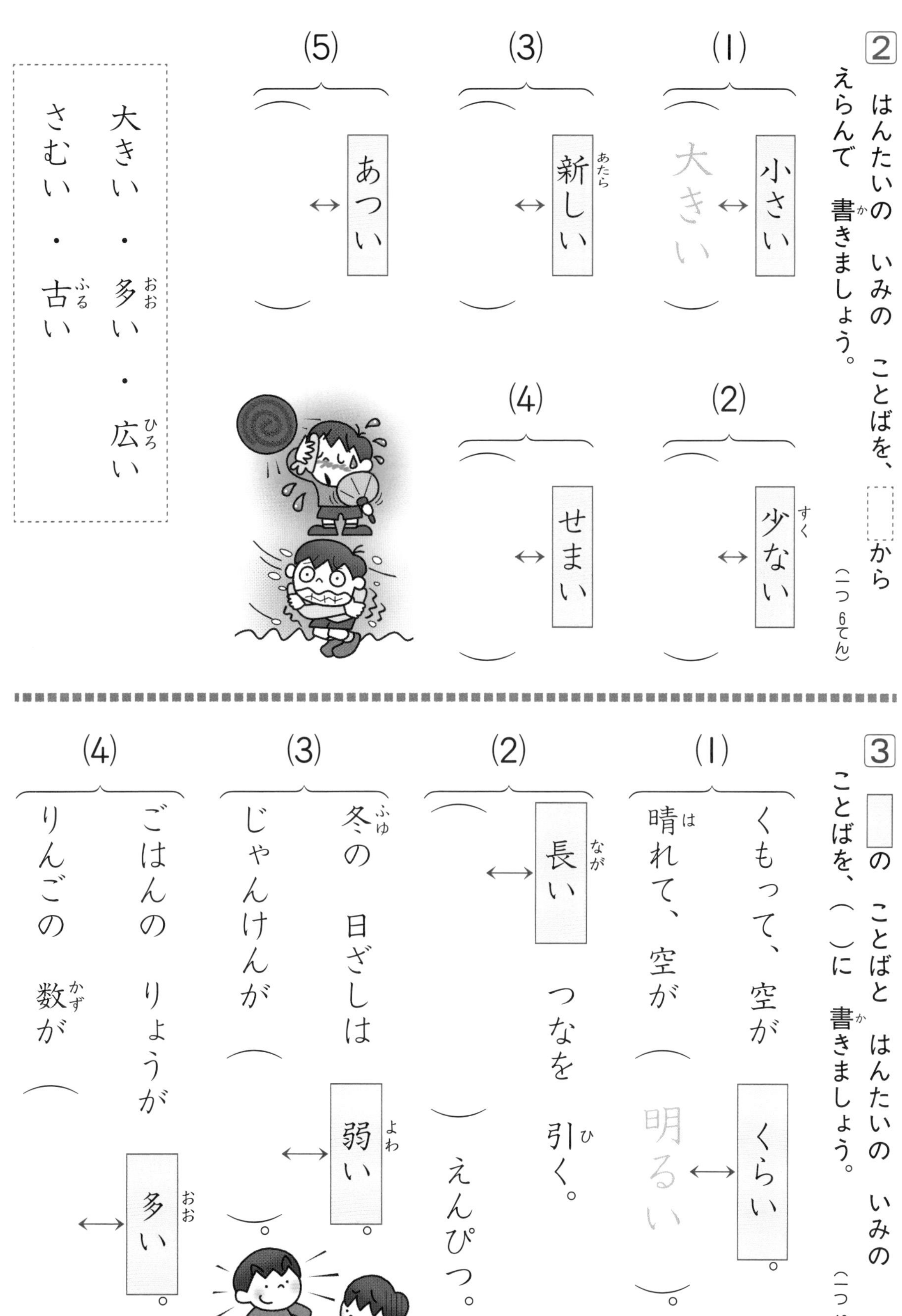

3 □の ことばと はんたいの いみの ことばを、（　）に 書きましょう。（一つ 10てん）

(1) くもって、空が くらい。↔ 晴れて、空が （明るい）。

(2) 長い ↔ つなを 引く。（　　）えんぴつ。

(3) 冬の 日ざしは 弱い。↔ じゃんけんが （　　）。

(4) ごはんの りょうが 多い。↔ りんごの 数が （　　）。

11 はんたいの いみの ことば②

はんたいの いみの ことば②

①はんたいの ことがらを あらわす ことば が あります。

②はんたいの うごきを あらわす ことばが あります。

買う
売る
入る
出る

1 はんたいの いみの ことばを、○で かこみましょう。（一つ 6てん）

(1) 上 ↕ （下・前）

(2) 前 ↕ （右・後ろ）

(3) 買う ↕ （売る・かつ）

(4) あける ↕ （すわる・しめる）

(5) かつ ↕ （まける・おす）

とくてん
てん

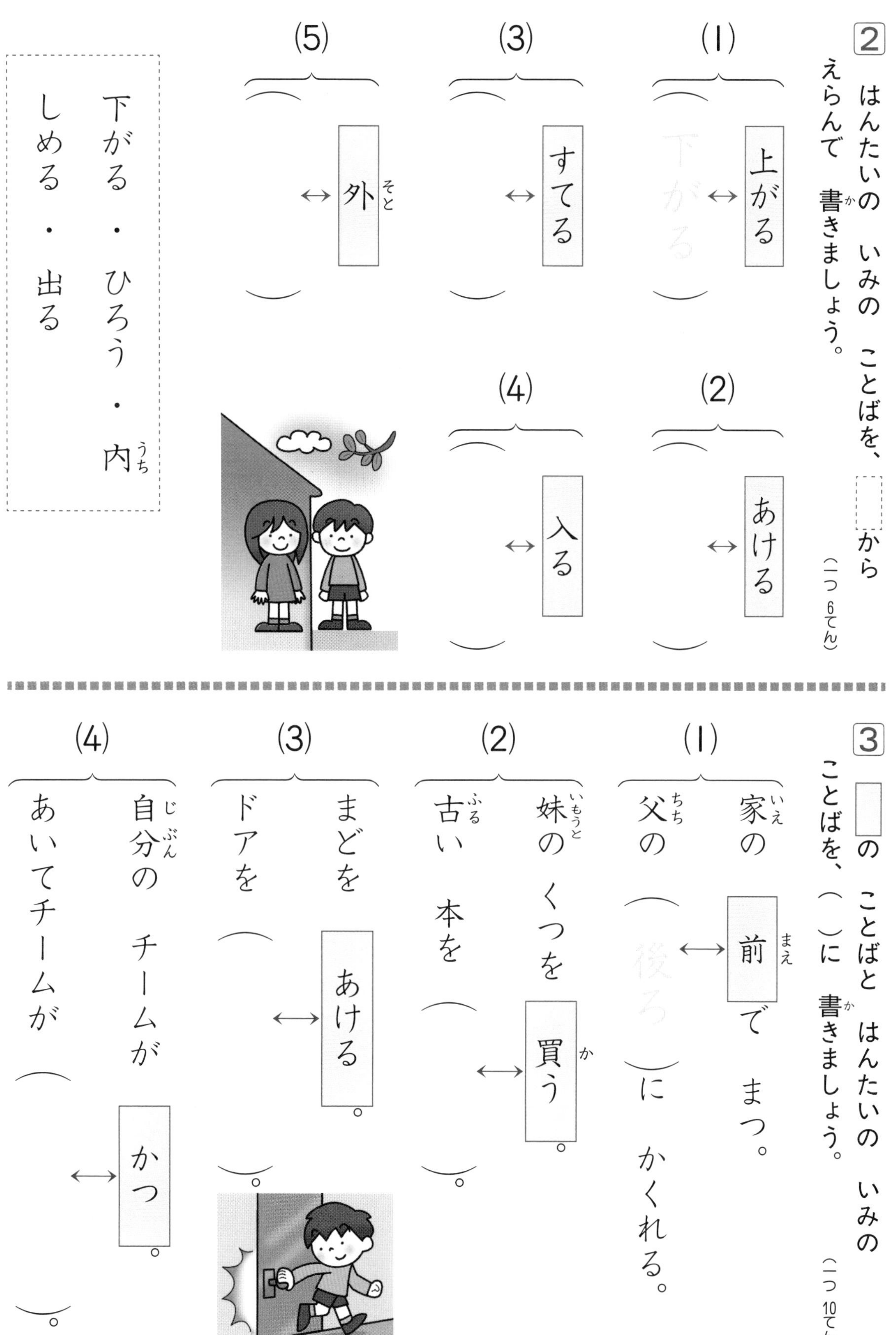

2 はんたいの いみの ことばを、□から えらんで 書きましょう。（一つ6てん）

(1) 上がる ↔ （下がる）

(2) あける ↔ （　）

(3) すてる ↔ （　）

(4) 入る ↔ （　）

(5) 外 ↔ （　）

下がる・ひろう・内
しめる・出る

3 □の ことばと はんたいの いみの ことばを、（　）に 書きましょう。（一つ10てん）

(1) 家の 前で まつ。
父の （後ろ）に かくれる。

(2) 妹の くつを 買う。
古い 本を （　）。

(3) まどを あける。
ドアを （　）。

(4) 自分の チームが かつ。
あいてチームが （　）。

12 はんたいの いみの ことば、にた いみの ことば

はんたいの いみの ことば・にた いみの ことば

①ことばの つかい方に よって、同じ ことばでも、はんたいの いみの ことばが かわります。

ふくを ぬぐ。 ⇔ ふくを きる。

くつを ぬぐ。 ⇔ くつを はく。

②にた いみを あらわす ことばが あります。

行く	出かける	通う・むかう

- 行く／出かける／通う／むかう
- 言う／しゃべる／話す
- 見る／見つめる／ながめる／のぞく

1 □の ことばと はんたいの いみの ことばを、○で かこみましょう。（一つ 4てん）

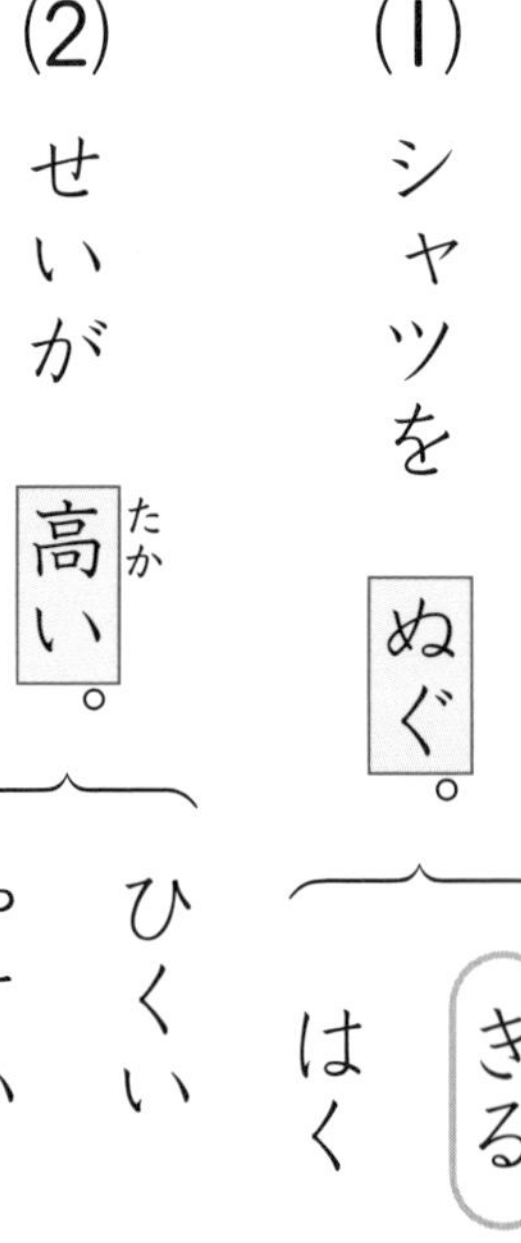

(1) シャツを ぬぐ。
　きる（○）　はく

(2) せいが 高い。
　ひくい　やすい

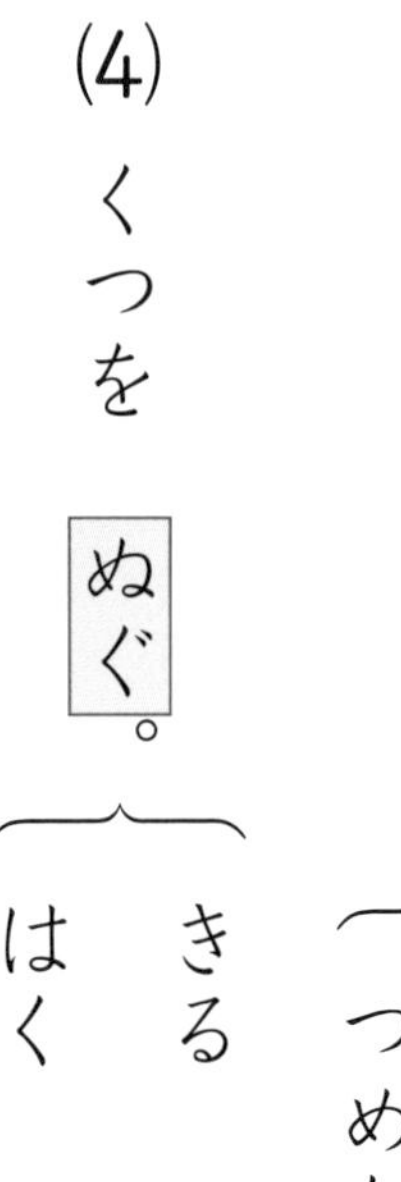

(3) なべが あつい。
　さむい　つめたい

(4) くつを ぬぐ。
　きる　はく

(5) ねだんが 高い。
　やすい　ひくい

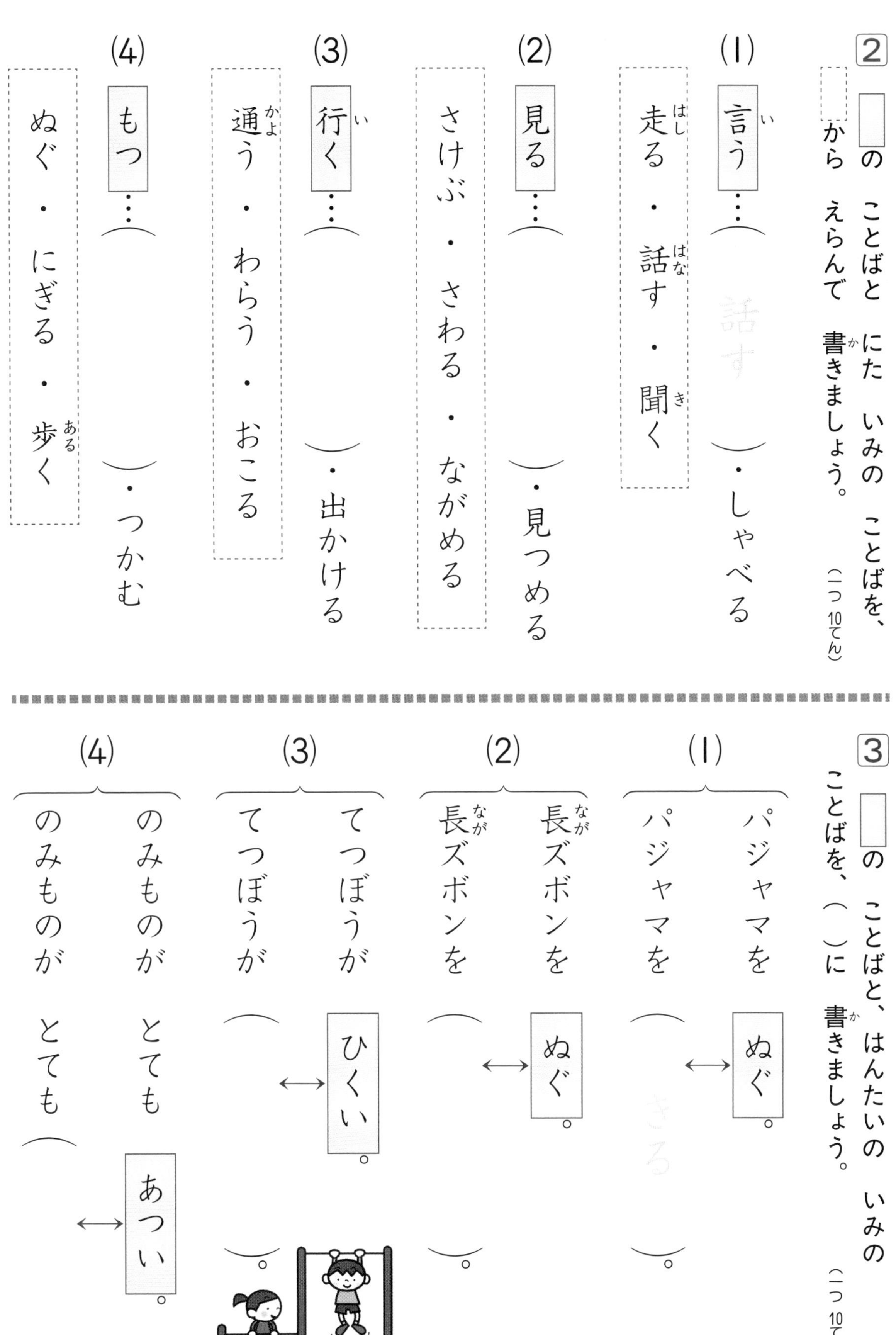

2

□の　ことばと　にた　いみの　ことばを、[　]から　えらんで　書きましょう。（一つ 10てん）

(1) 言う…（話す）・しゃべる

[走る・話す・聞く]

(2) 見る…（　　）・見つめる

[さけぶ・さわる・ながめる]

(3) 行く…（　　）・出かける

[通う・わらう・おこる]

(4) もつ…（　　）・つかむ

[ぬぐ・にぎる・歩く]

3

□の　ことばと、はんたいの　いみの　ことばを、（　）に　書きましょう。（一つ 10てん）

(1) パジャマを ぬぐ。 ⟷ パジャマを（きる）。

(2) 長ズボンを ぬぐ。 ⟷ 長ズボンを（　　）。

(3) てつぼうが ひくい。 ⟷ てつぼうが（　　）。

(4) のみものが とても あつい。 ⟷ のみものが とても（　　）。

13 ふくしゅうドリル②

1 □の ことばを、ひとまとめに いう ことばを、□から えらんで 書きましょう。（一つ 4てん）

(1) バス・トラック・タクシー（　　）

(2) ねぎ・にんじん・キャベツ・ピーマン（　　）

(3) くま・きりん・とら・ライオン（　　）

(4) 青・赤・ピンク・みどり（　　）

どうぶつ・車・鳥・色・野さい・形

2 □に 合う ことばを、□から えらんで 書きましょう。（一つ 6てん）

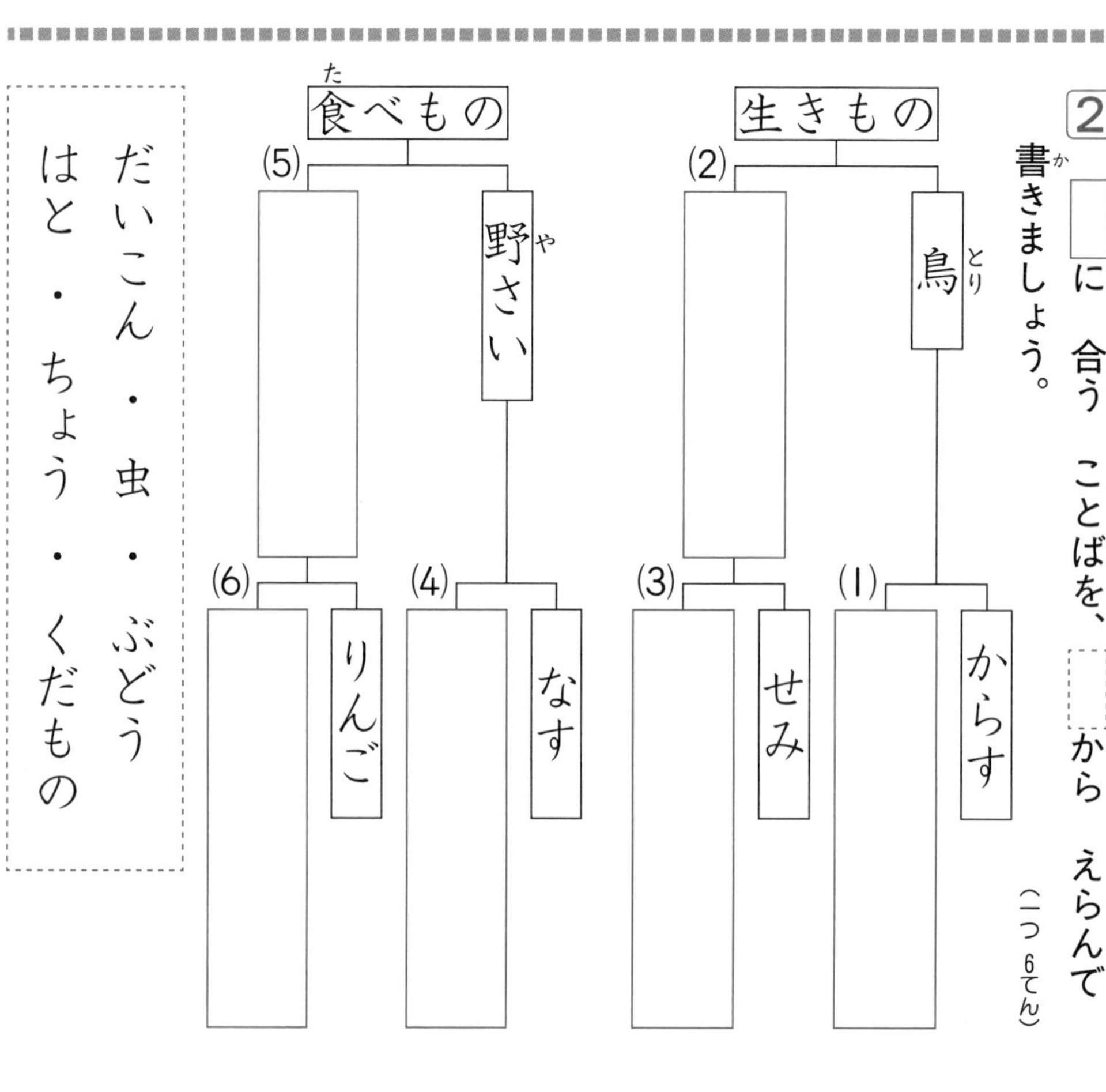

だいこん・虫・ぶどう・はと・ちょう・くだもの

とくてん　てん

3

□の ことばと はんたいの いみの ことばを、（　）に 書(か)きましょう。（一つ 6てん）

(1)
車の 数(かず)が **少(すく)ない**。
↔
車の 数(かず)が （　　　　）。

(2)
へやの 電(でん)とうが **くらい**。
↔
へやの 電(でん)とうが （　　　　）。

(3)
教室(きょうしつ)の ドアを **しめる**。
↔
教室(きょうしつ)の ドアを （　　　　）。

(4)
エレベーターが **下がる**。
↔
エレベーターが （　　　　）。

4

□の ことばと はんたいの いみの ことばを、（　）に 書(か)きましょう。（一つ 6てん）

(1)
セーターを **ぬぐ**。
↔
セーターを （　　　　）。

(2)
くつ下を **ぬぐ**。
↔
くつ下を （　　　　）。

(3)
魚(さかな)の ねだんが **高(たか)い**。
↔
魚(さかな)の ねだんが （　　　　）。

(4)
冬(ふゆ)の **さむい** 日。
↔
夏(なつ)の （　　　　） 日。

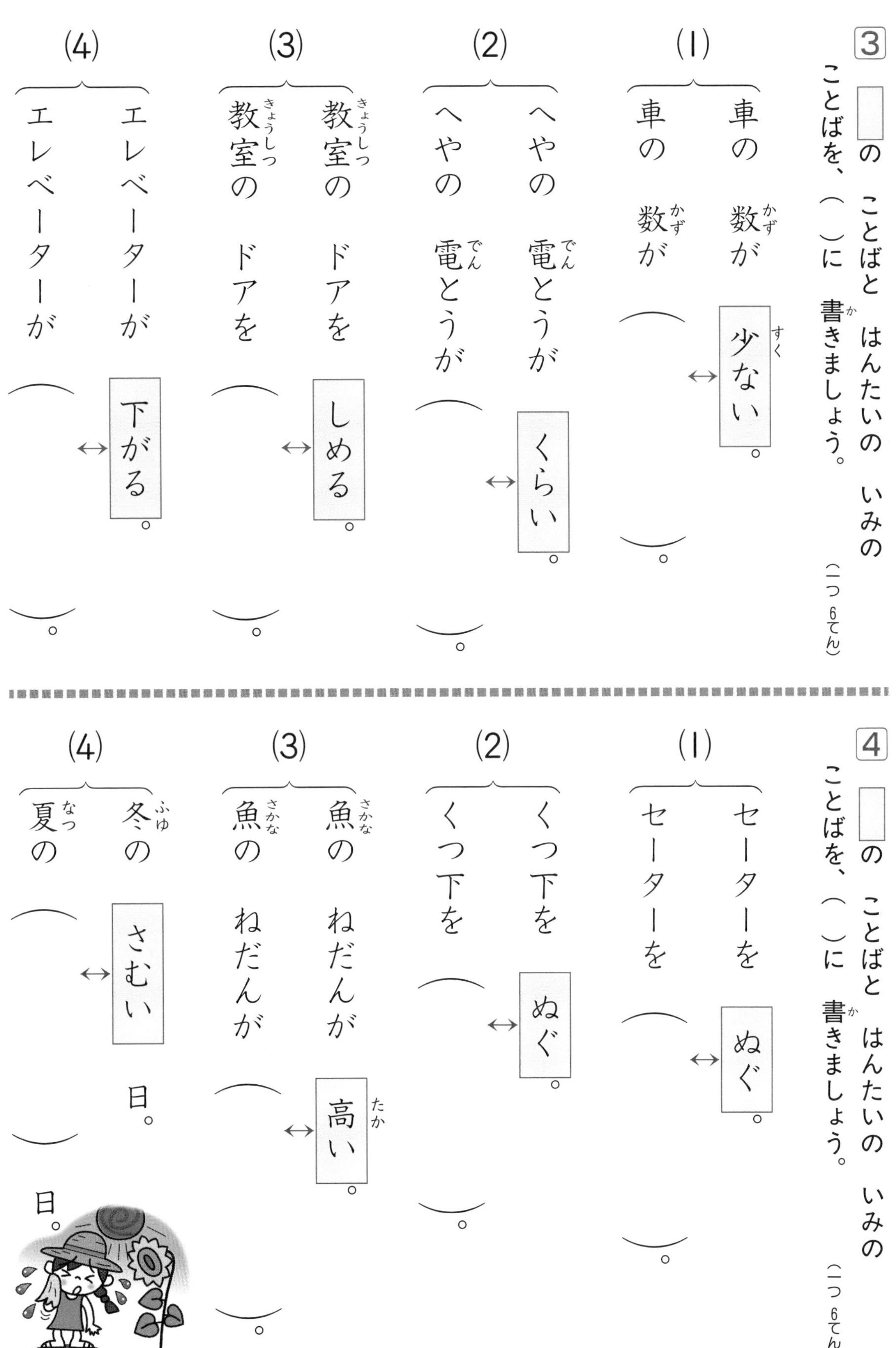

14 組み合わせた ことば①

組み合わせて できる ことば

二つの ことばが 組み合わさって、一つの ことばに なる ことが あります。

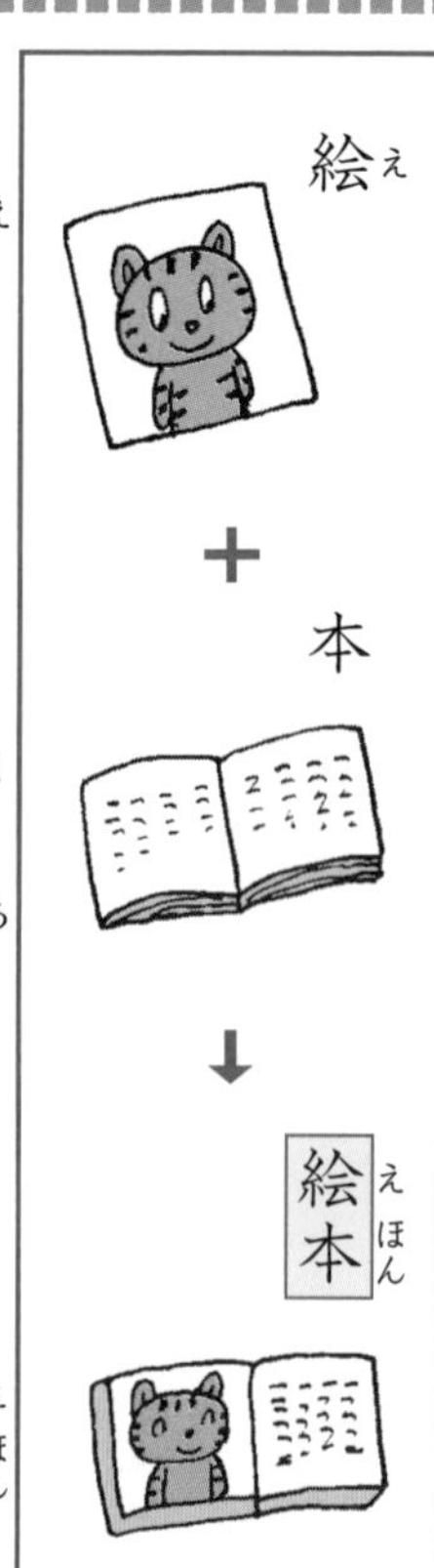

「絵」と「本」が 組み合わさると、「絵本」と いう ことばに なります。

おぼえよう

● 朝＋日→朝日
● 水＋あそび→水あそび
● 紙＋しばい→紙しばい
● 赤い＋とんぼ→赤とんぼ
● 大きい＋男→大男 ● 早く＋おきる→早おき

1 つぎの ことばを 組み合わせて、一つの ことばを 作りましょう。（(1)(2)は 一つ 2てん、(3)〜(6)は 一つ 3てん）

(1) 朝＋日→（朝日）

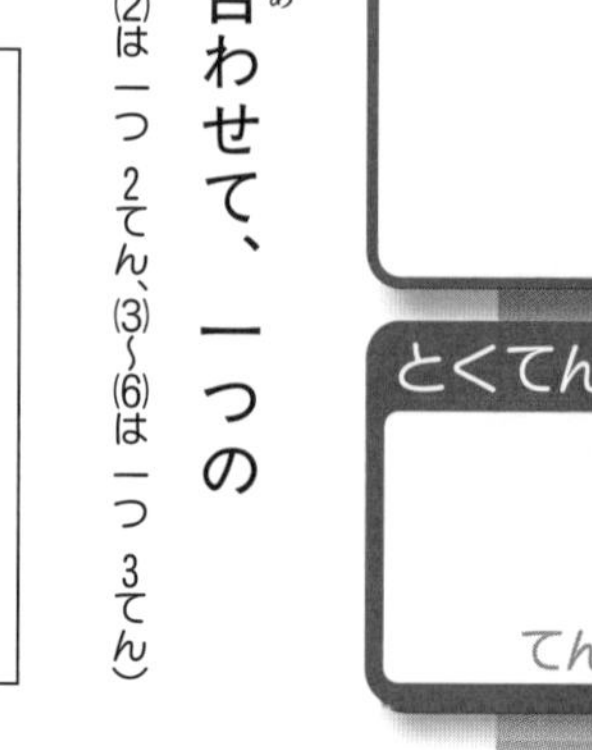

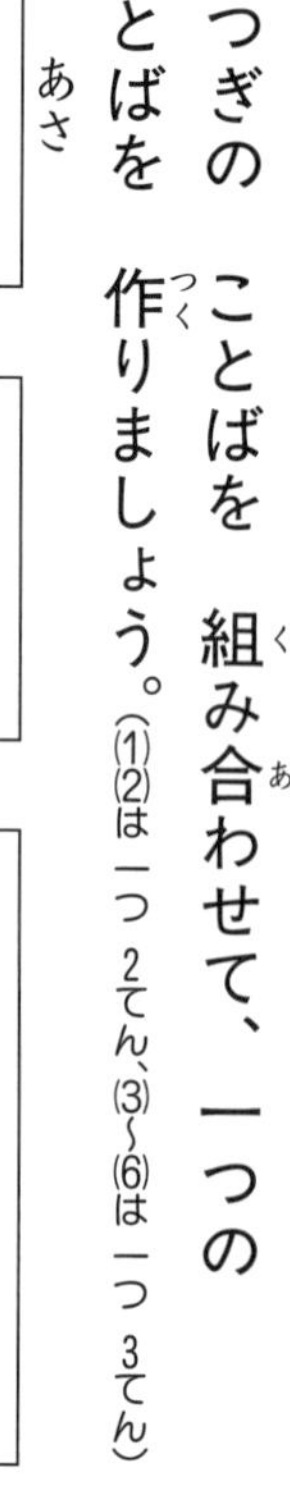

(2) 絵＋本→

(3) 紙＋しばい→

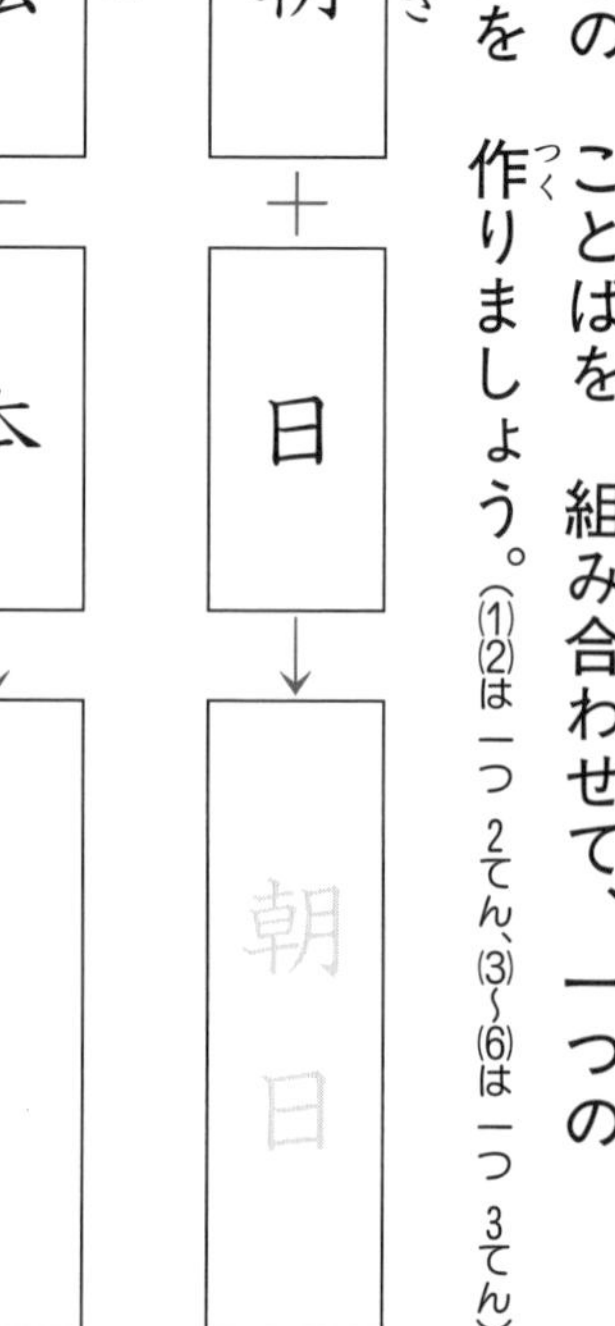

(4) 昼＋休み→

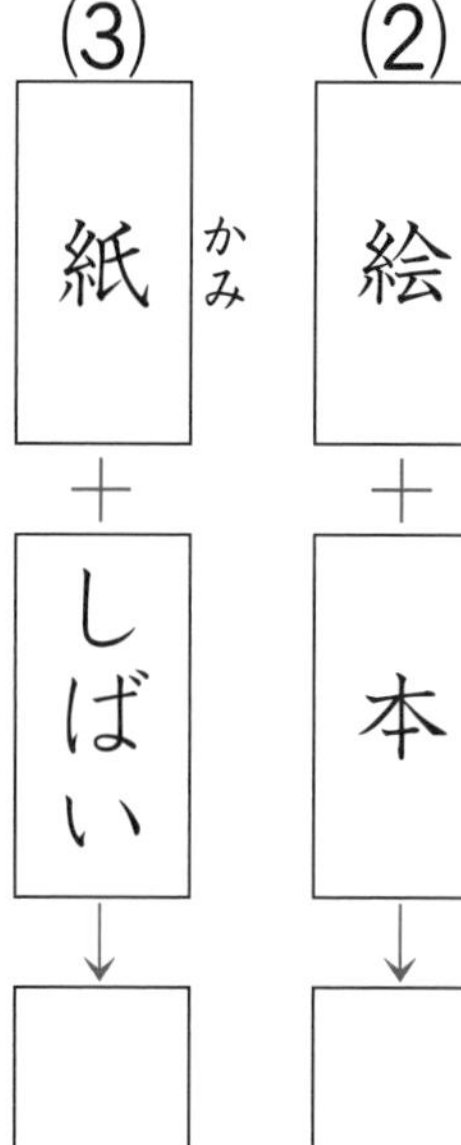

(5) 水＋あそび→

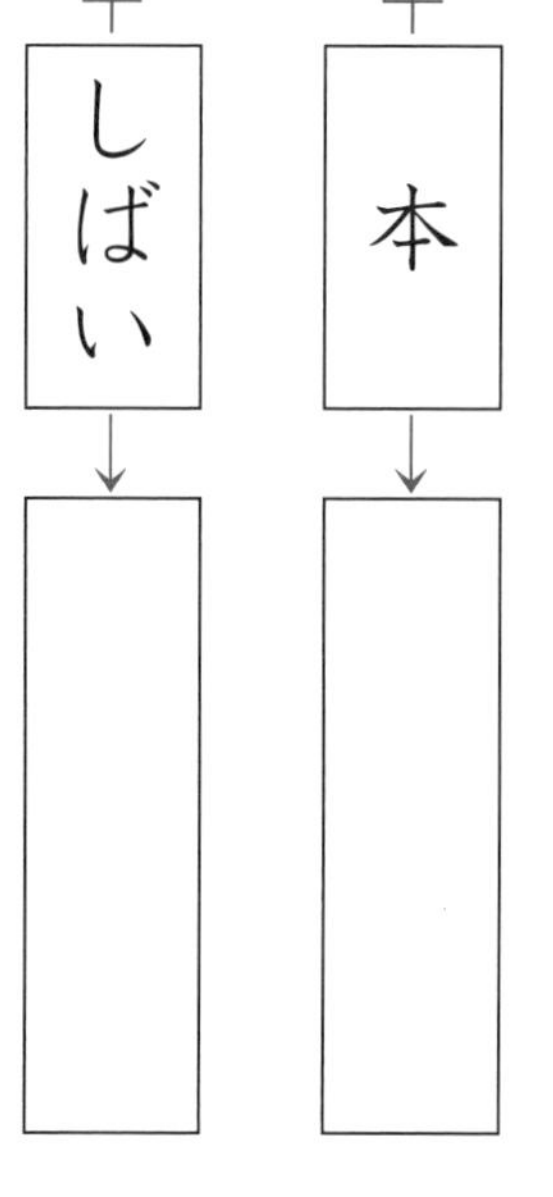

(6) たから＋もの→

とくてん　てん

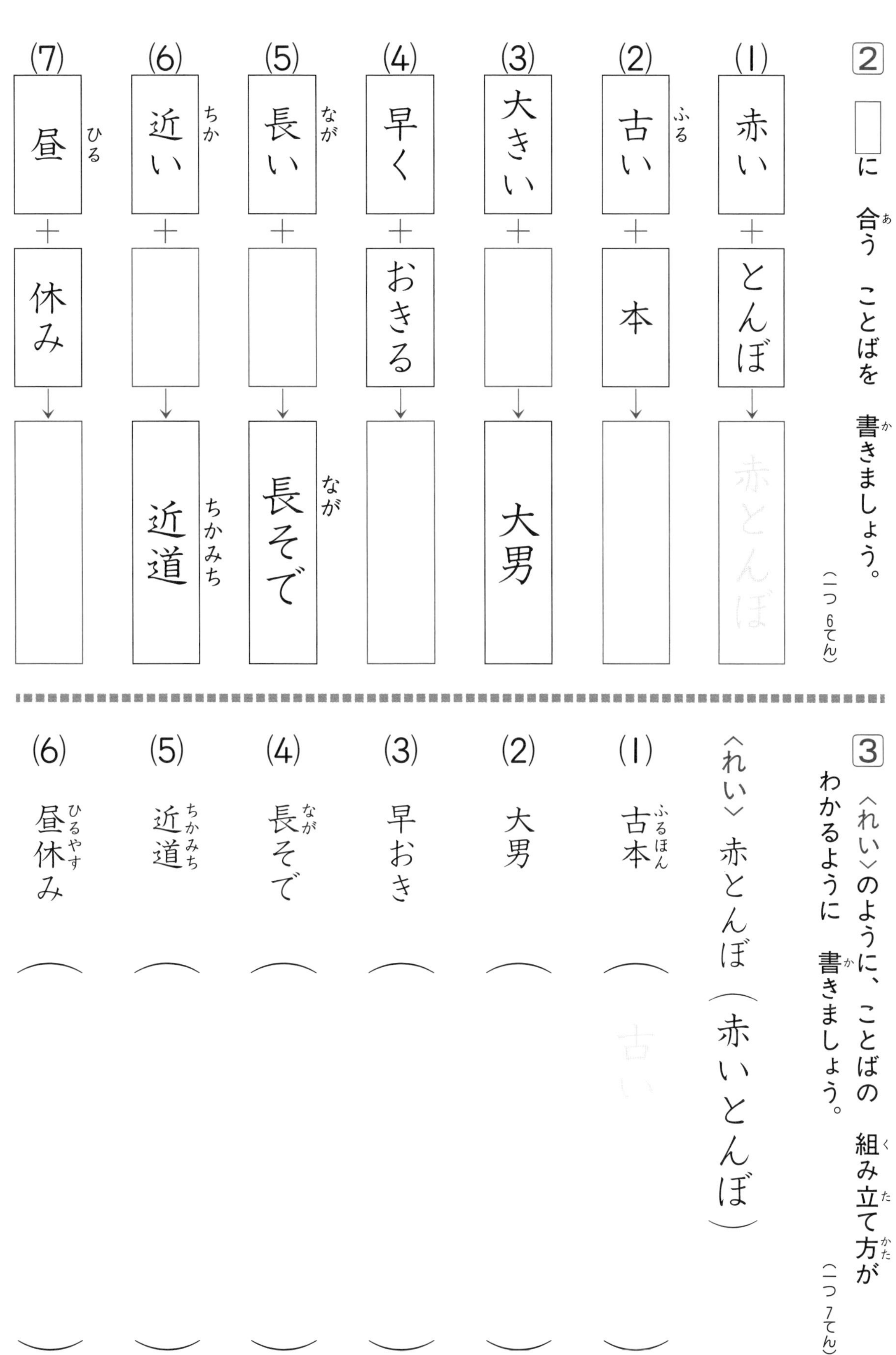

2 □に 合う(あ) ことばを 書き(か)ましょう。（一つ 6てん）

(1) 赤い ＋ とんぼ → 赤とんぼ

(2) 古い(ふる) ＋ 本 → □

(3) 大きい ＋ □ → 大男

(4) 早く ＋ おきる → □

(5) 長い(なが) ＋ □ → 長そで(なが)

(6) 近い(ちか) ＋ □ → 近道(ちかみち)

(7) 昼(ひる) ＋ 休み → □

3 〈れい〉のように、ことばの 組み立て方(くみたてかた)が わかるように 書き(か)ましょう。（一つ 7てん）

〈れい〉 赤とんぼ（赤い とんぼ）

(1) 古本(ふるほん)（古い　　）

(2) 大男（　　）

(3) 早おき（　　）

(4) 長そで(なが)（　　）

(5) 近道(ちかみち)（　　）

(6) 昼休み(ひるやす)（　　）

15 組(く)み合(あ)わせた　ことば②

うごきを　あらわす　ことば

うごきを　あらわす　ことばを　組(く)み合(あ)わせる　ことも　できます。

「とび下りる」のように、ことばの　形(かたち)が　かわる　ことも　あります。

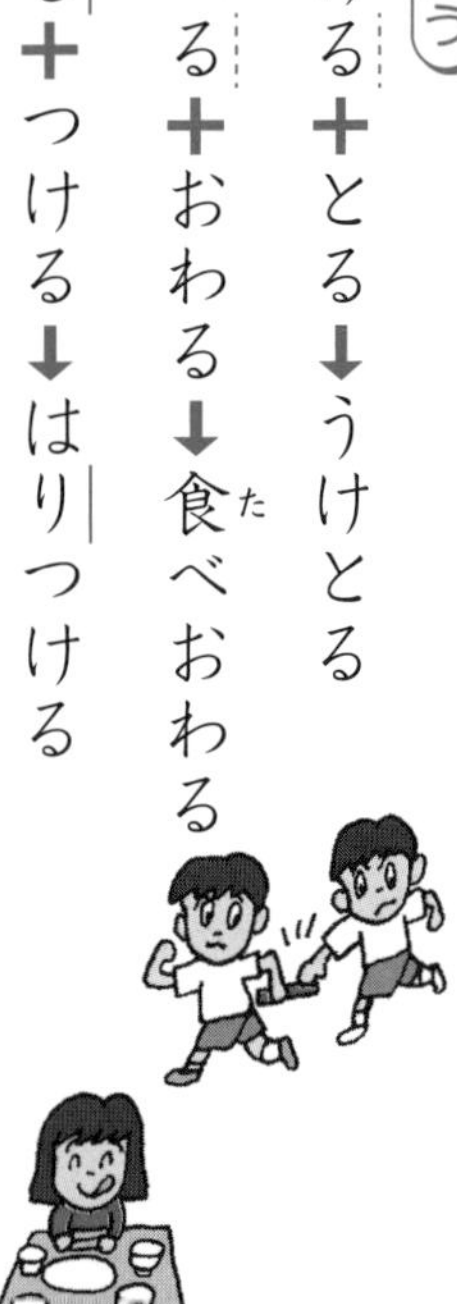

おぼえよう

- うける＋とる↓うけとる
- 食(た)べる＋おわる↓食(た)べおわる
- はる＋つける↓はりつける
- あらう＋ながす↓あらいながす

1 組(く)み合(あ)わせた　ことばで、正しい　ほうを　〇で　かこみましょう。（一つ6てん）

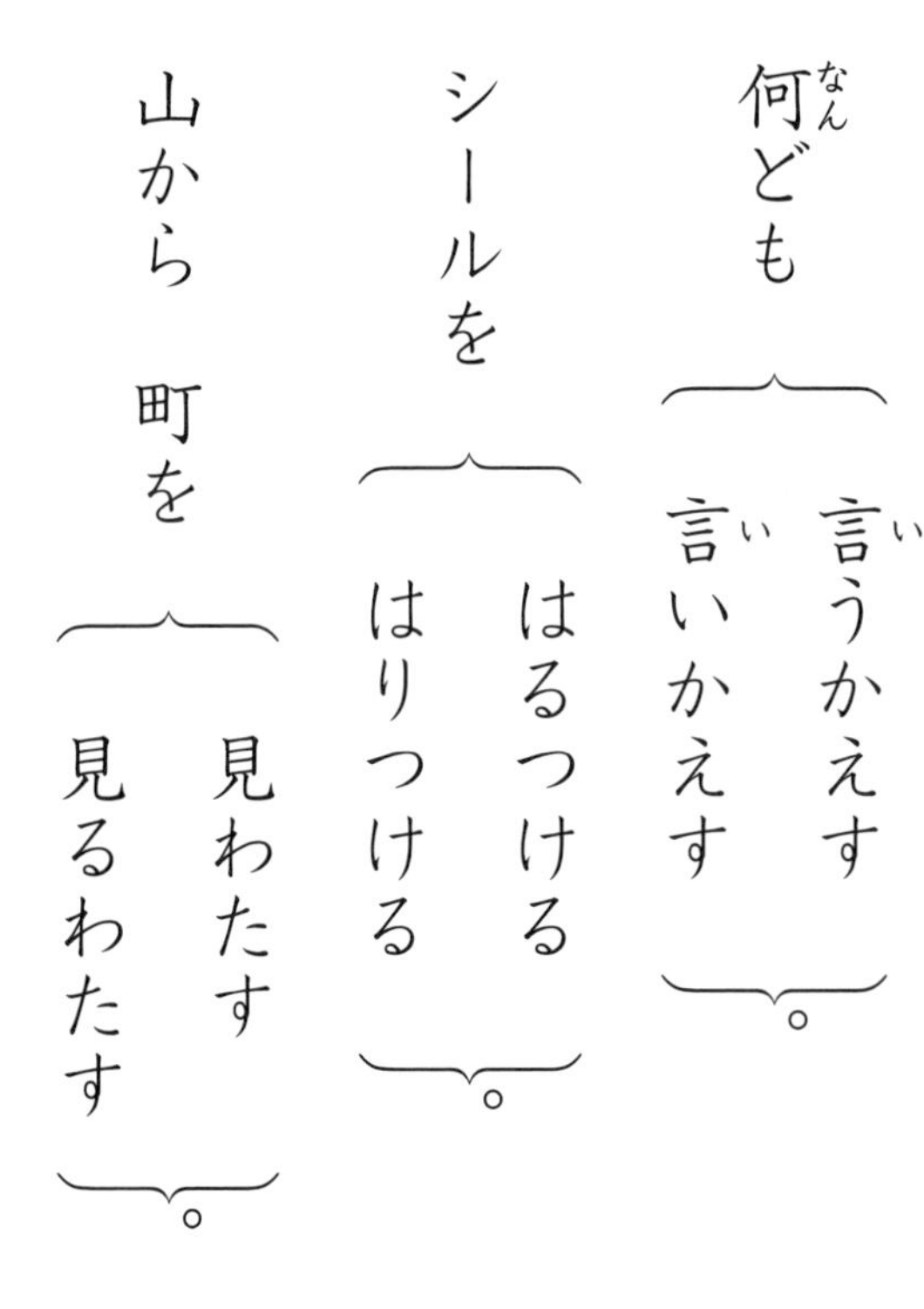

(1) 犬が　にわを　｛走(はし)り回(まわ)る・走(はし)る回(まわ)る｝。

(2) 何(なん)ども　｛言(い)うかえす・言(い)いかえす｝。

(3) シールを　｛はるつける・はりつける｝。

(4) 山から　町を　｛見わたす・見るわたす｝。

(5) よごれを　｛あらうながす・あらいながす｝。

とくてん　　てん

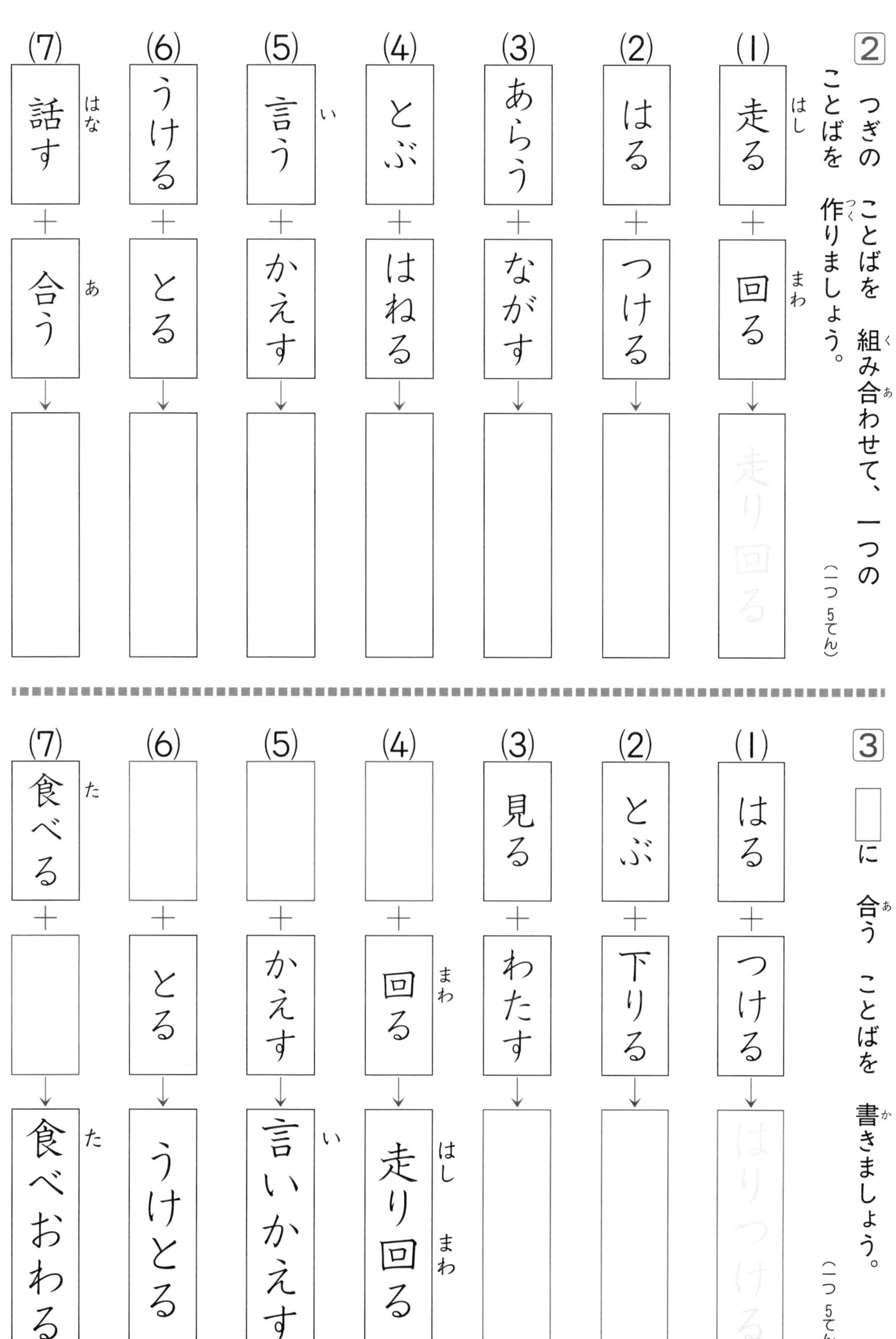

2 つぎの ことばを 組み合わせて、一つの ことばを 作りましょう。（一つ 5てん）

(1) 走る ＋ 回る → 走り回る

(2) はる ＋ つける → □

(3) あらう ＋ ながす → □

(4) とぶ ＋ はねる → □

(5) 言う ＋ かえす → □

(6) うける ＋ とる → □

(7) 話す ＋ 合う → □

3 □に 合う ことばを 書きましょう。（一つ 5てん）

(1) はる ＋ つける → はりつける

(2) とぶ ＋ 下りる → □

(3) 見る ＋ わたす → □

(4) □ ＋ 回る → 走り回る

(5) □ ＋ かえす → 言いかえす

(6) □ ＋ とる → うけとる

(7) 食べる ＋ □ → 食べおわる

16 組み合わせた ことば③

ことばの 音が かわる もの

組み合わさる ときに、ことばの 音が かわる ものが あります。

本＋はこ ↓ ○ 本ばこ　× 本はこ

「本」と 「はこ」を 組み合わせる とき、「は」が にごって、「ば」に なります。

おぼえよう

- はな＋はたけ↓はなばたけ（花ばたけ）
- あおい＋そら↓あおぞら（青空）
- まく＋かい↓まきがい（まき貝）
- わらう＋かお↓わらいがお（わらい顔）
- あめ＋かさ↓あまがさ（雨がさ）

1 組み合わせた ことばで、正しい ほうを ○で かこみましょう。（一つ 5てん）

(1) 本＋はこ↓ ｛本ばこ（○）／本はこ｝

(2) 花＋はたけ↓ ｛花はたけ／花ばたけ｝

(3) 長い＋くつ↓ ｛ながぐつ／ながくつ｝

(4) まく＋貝↓ ｛まきかい／まきがい｝

(5) 風＋車↓ ｛かぜぐるま／かざぐるま｝

とくてん　てん

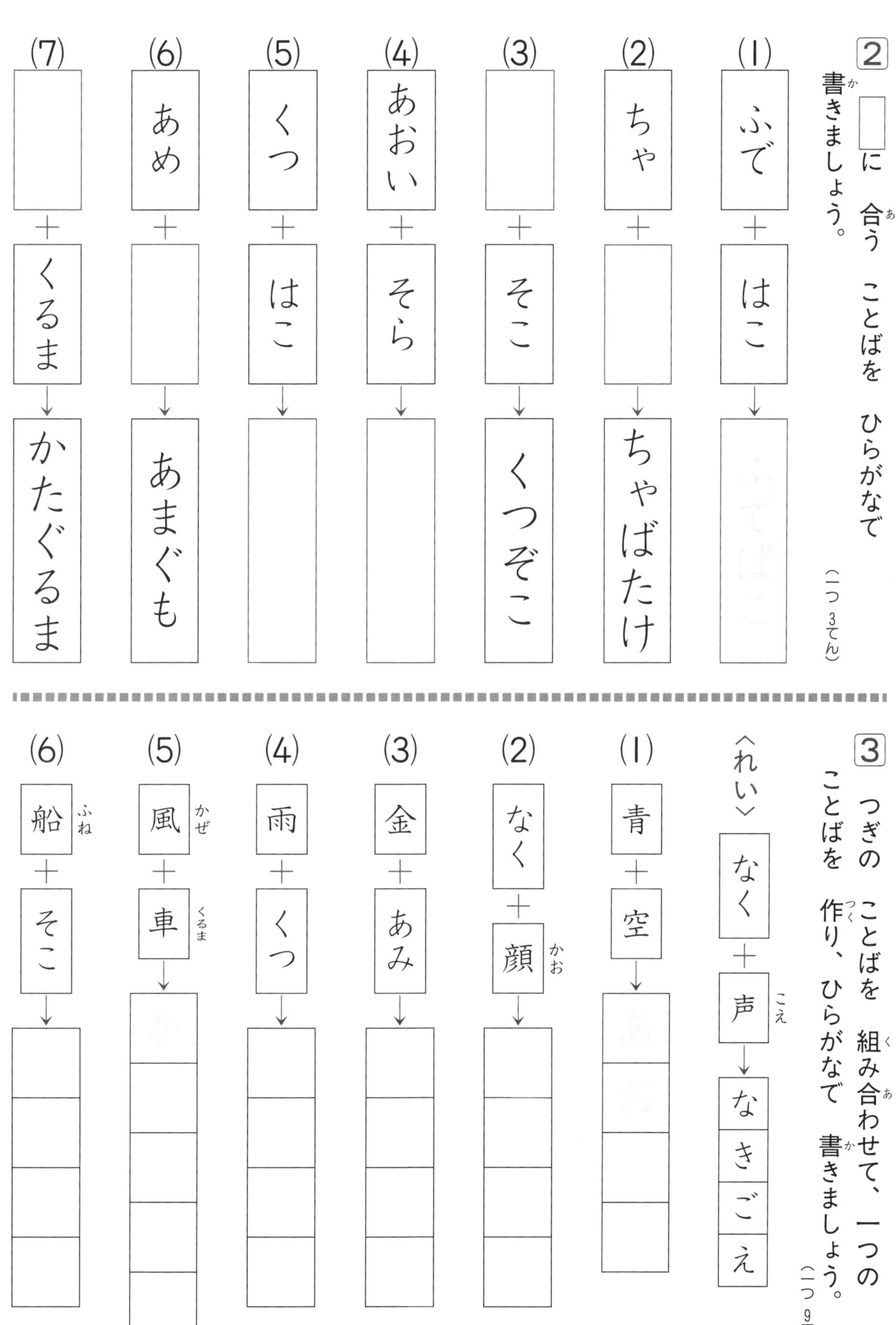

2 □に 合(あ)う ことばを ひらがなで 書(か)きましょう。（一つ 3てん）

(1) ふで ＋ はこ → ふでばこ

(2) ちゃ ＋ □ → ちゃばたけ

(3) □ ＋ そこ → くつぞこ

(4) あおい ＋ そら → □

(5) くつ ＋ はこ → □

(6) あめ ＋ □ → あまぐも

(7) □ ＋ くるま → かたぐるま

3 つぎの ことばを 組(く)み合(あ)わせて、一つの ことばを 作(つく)り、ひらがなで 書(か)きましょう。（一つ 9てん）

〈れい〉 なく ＋ 声(こえ) → なきごえ

(1) 青 ＋ 空 → あお□□

(2) なく ＋ 顔(かお) → □□□□

(3) 金 ＋ あみ → □□□□

(4) 雨 ＋ くつ → □□□□

(5) 風(かぜ) ＋ 車(くるま) → か□□□□

(6) 船(ふね) ＋ そこ → □□□□

17 音や ようすを あらわす ことば①

音や 声(こえ)を あらわす ことば

ものの 音や、人や どうぶつの なき声(ごえ)を あらわす ことばが あります。

ドアを トントン たたく。

犬が ワンワン ほえる。

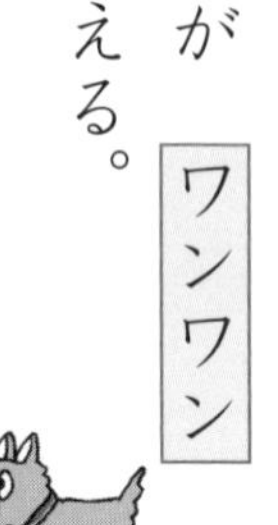

「トントン」「ワンワン」など、音や 声(こえ)を あらわす ことばは、カタカナ(かたかな)で 書(か)きます。

おぼえよう

- 雨が ザーザー ふる。
  コップが ガチャンと われる。
  水たまりを バシャバシャ 歩(ある)く。
- ねこが ニャーと 鳴(な)く。
  すずめが チュンチュン さえずる。

1 絵(え)に 合(あ)う 音を、○で かこみましょう。（一つ 4てん）

(1) トントン（○）　カンカン

(2) 
バタン　ガチャン

(3) ブー　パリパリ

(4) 
ワンワン　ブーブー

(5) ニャーニャー　チュンチュン

とくてん　　てん

2 （　）に 合(あ)う ことばを、□から えらんで 書(か)きましょう。（一つ10てん）

(1) かみなりが（ゴロゴロ）なる。

コロコロ・ゴロゴロ

(2) 水たまりを（　　）歩(ある)く。

バシャバシャ・トントン

(3) 水が（　　）ながれる。

ガラガラ・ジャージャー

(4) 赤ちゃんが（　　）なく。

ミンミン・ギャーギャー

3 絵(え)を 見て、音を あらわす ことばを 書(か)きましょう。（一つ10てん）

(1) 雨が（ザーザー）ふる。

(2) 戸(と)を（　　）たたく。

(3) コップが（　　）と われる。

(4) 犬が（　　）ほえる。

18 音や ようすを あらわす ことば②

ものの ようすを あらわす ことば

ものや うごきの ようすを あらわす ことばが あります。

星(ほし)が きらきら 光(ひか)る。
ぼくは じっと ながめた。

「きらきら」「じっと」など、ようすを あらわす ことばは ひらがなで 書(か)きます。

おぼえよう

- 風船(ふうせん)が ふわふわ とぶ。
- あめを ぺろぺろ なめる。
- 先生が にっこり わらう。
- 道(みち)を ゆっくり 歩(ある)く。
- 家(いえ)の かぎを しっかり かける。

1 絵(え)に 合(あ)う ようすを、○で かこみましょう。（一つ 4てん）

(1) 
きらきら　そよそよ

(2) ころころ　ふわふわ

(3) ぶかぶか　ぺろぺろ

(4) にっこり　むっつり

(5) 
ほっそり　ふっくら

とくてん　　てん

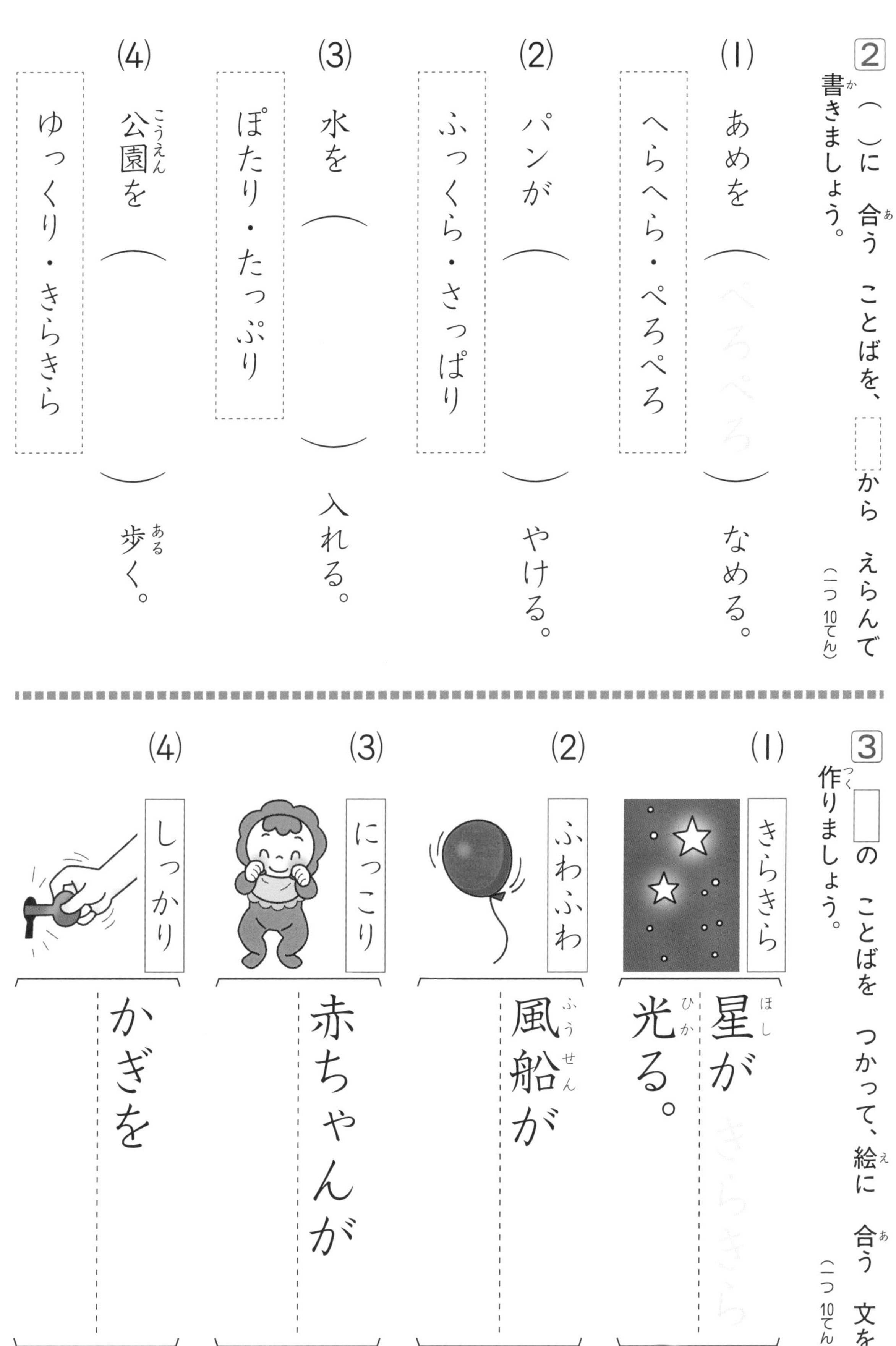

2 （　）に　合う　ことばを、［　］から　えらんで　書きましょう。（一つ　10てん）

(1) あめを（ぺろぺろ）なめる。
［へらへら・ぺろぺろ］

(2) パンが（　）やける。
［ふっくら・さっぱり］

(3) 水を（　）入れる。
［ぽたり・たっぷり］

(4) 公園を（　）歩く。
［ゆっくり・きらきら］

3 ［　］の　ことばを　つかって、絵に　合う　文を　作りましょう。（一つ　10てん）

(1) ［きらきら］
星が　きらきら　光る。

(2) ［ふわふわ］
風船が

(3) ［にっこり］
赤ちゃんが

(4) ［しっかり］
かぎを

19 ふくしゅうドリル③

1 □に 合う ことばを 書きましょう。（一つ 5てん）

(1) □ ＋ そで → 長そで

(2) □ ＋ おわる → 食べおわる

(3) 本 ＋ はこ → □

(4) 花 ＋ □ → 花ばたけ

(5) □ ＋ とる → うけとる

(6) くつ ＋ そこ → □

2 つぎの ことばを 組み合わせて、一つの ことばを 作り ひらがなで 書きましょう。（一つ 5てん）

(1) まく ＋ 貝 → □□□□

(2) 見る ＋ わたす → □□□□

(3) 青い ＋ 空 → □□□□

(4) 長い ＋ くつ → □□□□

(5) なく ＋ 顔 → □□□□

(6) 雨 ＋ かさ → □□□□

とくてん　　てん

3 （　）に　合う　ことばを、［　］から　えらんで　書きましょう。（一つ　4てん）

(1) 雨が（　　　　）ふる。

(2) ドアを（　　　　）たたく。

(3) 小犬が（　　　　）ほえる。

(4) かみなりが（　　　　）鳴る。

(5) 赤ちゃんが（　　　　）と なく。

トントン・ワンワン・ザーザー
オギャー・ゴロゴロ

4 （　）に　合う　ことばを、［　］から　えらんで　書きましょう。（一つ　4てん）

(1) 星が（　　　　）光る。

(2) 弟が（　　　　）わらう。

(3) パンが（　　　　）やける。

(4) 風船が（　　　　）とぶ。

(5) キャンデーを（　　　　）なめる。

にっこり・ふっくら・ぺろぺろ
きらきら・ふわふわ

20 かん字の 組み立て①

二つの ぶぶんから できた かん字

①左と 右の 組み合わせ。

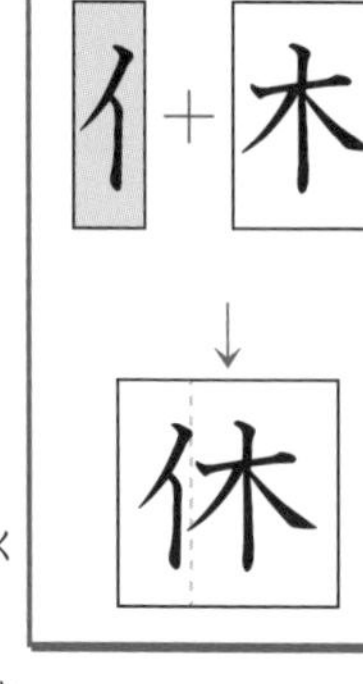

亻＋木→休

れい　汽・絵・理
話・後・強・船

②上と 下の 組み合わせ。

艹＋化→花

れい　字・答・雪
思・音・早・男

③そのほかの 組み合わせ。

斤＋辶→近
門＋日→間

れい　道・通・遠
聞・同

1 二つの かん字の ぶぶんを 組み合わせて、かん字を 作りましょう。（一つ 4てん）

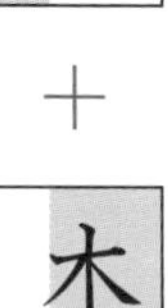
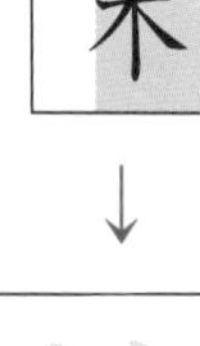

(1) 亻＋木→休

(2) 艹＋化→

(3) 斤＋辶→

(4) 門＋日→

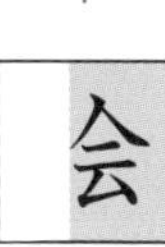

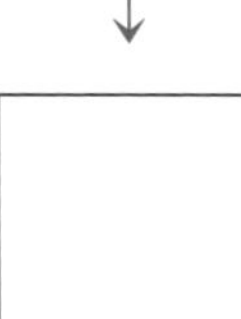

(5) 糸＋会→

とくてん　　てん

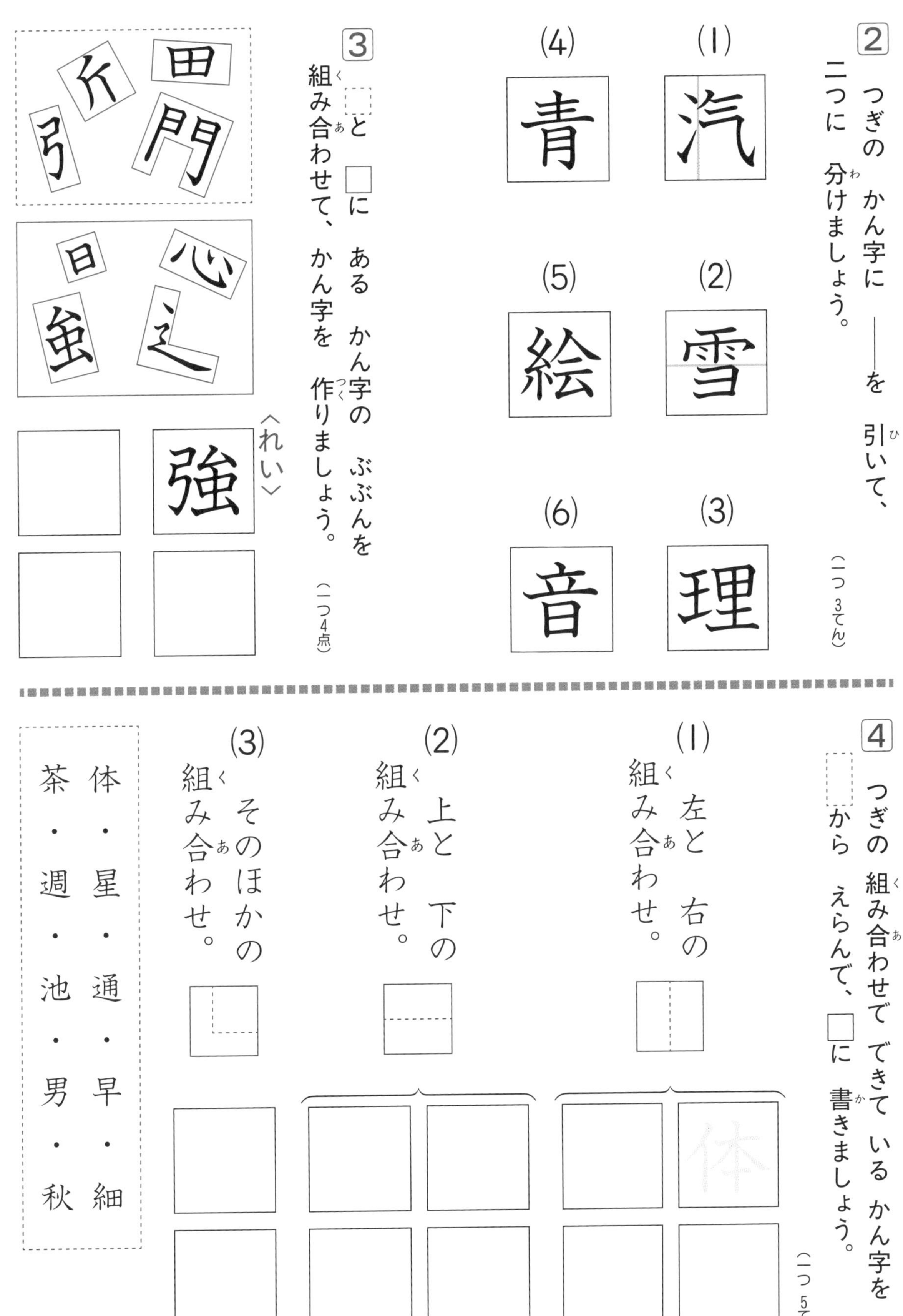

2 つぎの かん字に ——を 引いて、二つに 分けましょう。（一つ 3てん）

(1) 汽

(2) 雪

(3) 理

(4) 青

(5) 絵

(6) 音

3 □と □に ある かん字の ぶぶんを 組み合わせて、かん字を 作りましょう。（一つ4点）

〈れい〉 強

4 つぎの 組み合わせで できて いる かん字を □から えらんで、□に 書きましょう。（一つ 5てん）

(1) 左と 右の 組み合わせ。

体

(2) 上と 下の 組み合わせ。

(3) そのほかの 組み合わせ。

体・星・通・早・細
茶・週・池・男・秋

21 かん字の 組み立て②

かん字の ぶぶんの 形の へんか

かん字の ぶぶんが 組み合わさって、かん字が できる ときに、形が かわる ことが あります。

木＋寸→村

れい ・女→妹・姉 ・里→野 ・土→地・場 ・王→理

ほかに、「林・校」なども「木」が「木」に かわります。

竹＋合→答

れい ・田→男・番 ・雨→雲・雪・電

ほかに、「算」なども「竹」が「⺮」に かわります。

1 つぎの かん字の ぶぶんを 組み合わせて、□に かん字を 書きましょう。（一つ 6てん）

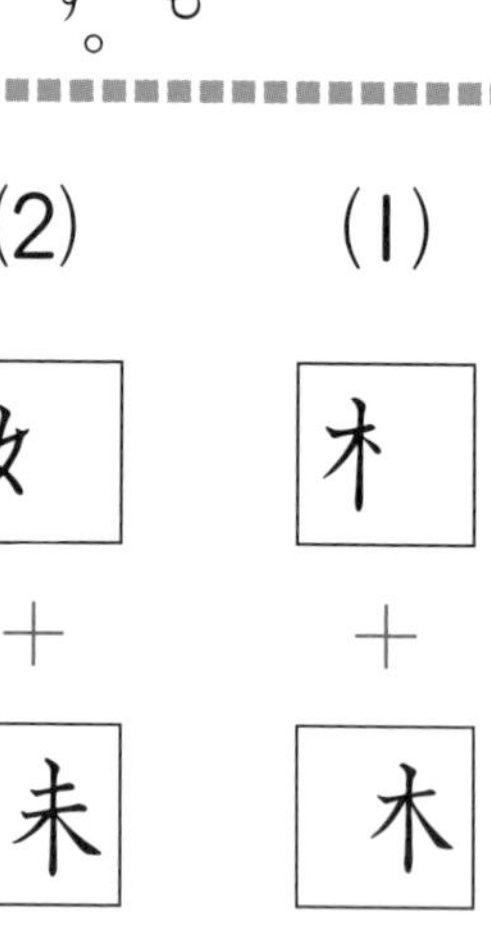

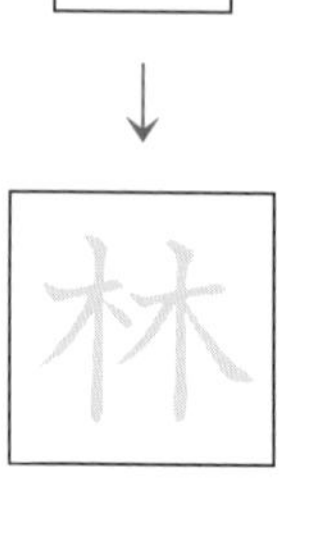

(1) 木＋木→林

(2) 女＋未→□

(3) 田＋丁→□

(4) ⺮＋合→□

(5) ⻗＋云→□

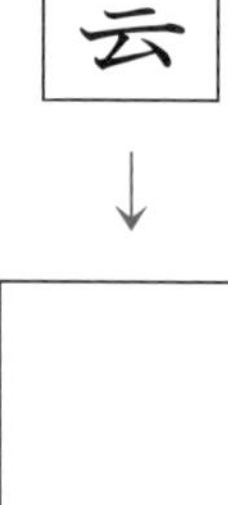

とくてん　　てん

2 つぎの かん字の ぶぶんを 組み合わせて、□に かん字を 書きましょう。（一つ5てん）

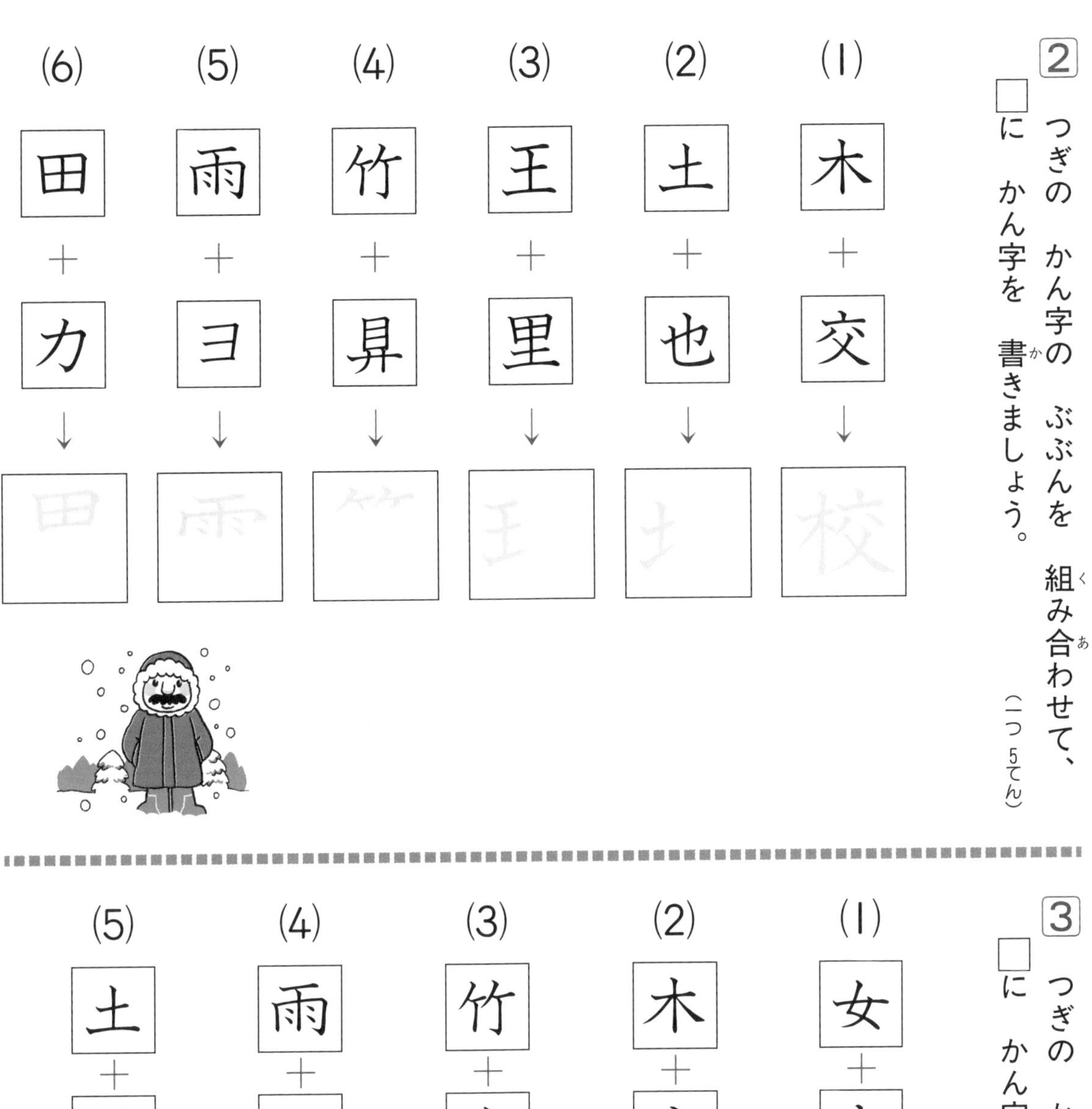

(1) 木＋交→□

(2) 土＋也→□

(3) 王＋里→□

(4) 竹＋昇→□

(5) 雨＋ヨ→□

(6) 田＋力→□

3 つぎの かん字の ぶぶんを 組み合わせて、□に かん字を 書きましょう。（一つ8てん）

(1) 女＋市…□（あね）の ハンカチ。

(2) 木＋交…□（こう）門の 前で まつ。

(3) 竹＋合…計算の □（こた）え。

(4) 雨＋电…□（でん）車に のる。

(5) 土＋昜…おもちゃ工□（じょう）。

22 同じ（おな） ぶぶんを もつ かん字①

とくてん　　てん

同じ（おな） ぶぶんを もつ かん字

かん字には、同じ（おな） ぶぶんを もつ ものが あります。

イ…休 何 作 体

「イ」を 「にんべん」と いいます。

おぼえよう

糸…絵 細 紙 線 組

言…記 計 語 読 話

儿…先 兄 元 光

辶…遠 近 週 通 道

氵…海 活 汽 池

1 □の ぶぶんを もつ かん字を □に 書き（か）ましょう。（(1)は 一つ 2てん、(2)～(5)は 一つ 3てん）

(1) イ…［何］（なん）回（かい）も ［木］（やす）む。

(2) 糸…［田］（ほそ）い ［泉］（せん）を 引（ひ）く。

(3) 言…国（こく）［吾］（ご）の 本を ［売］（よ）む。

(4) 儿…［口］（あに）の ［二］（げん）気（き）な 声（こえ）。

(5) 辶…［斤］（ちか）い ［首］（みち）。

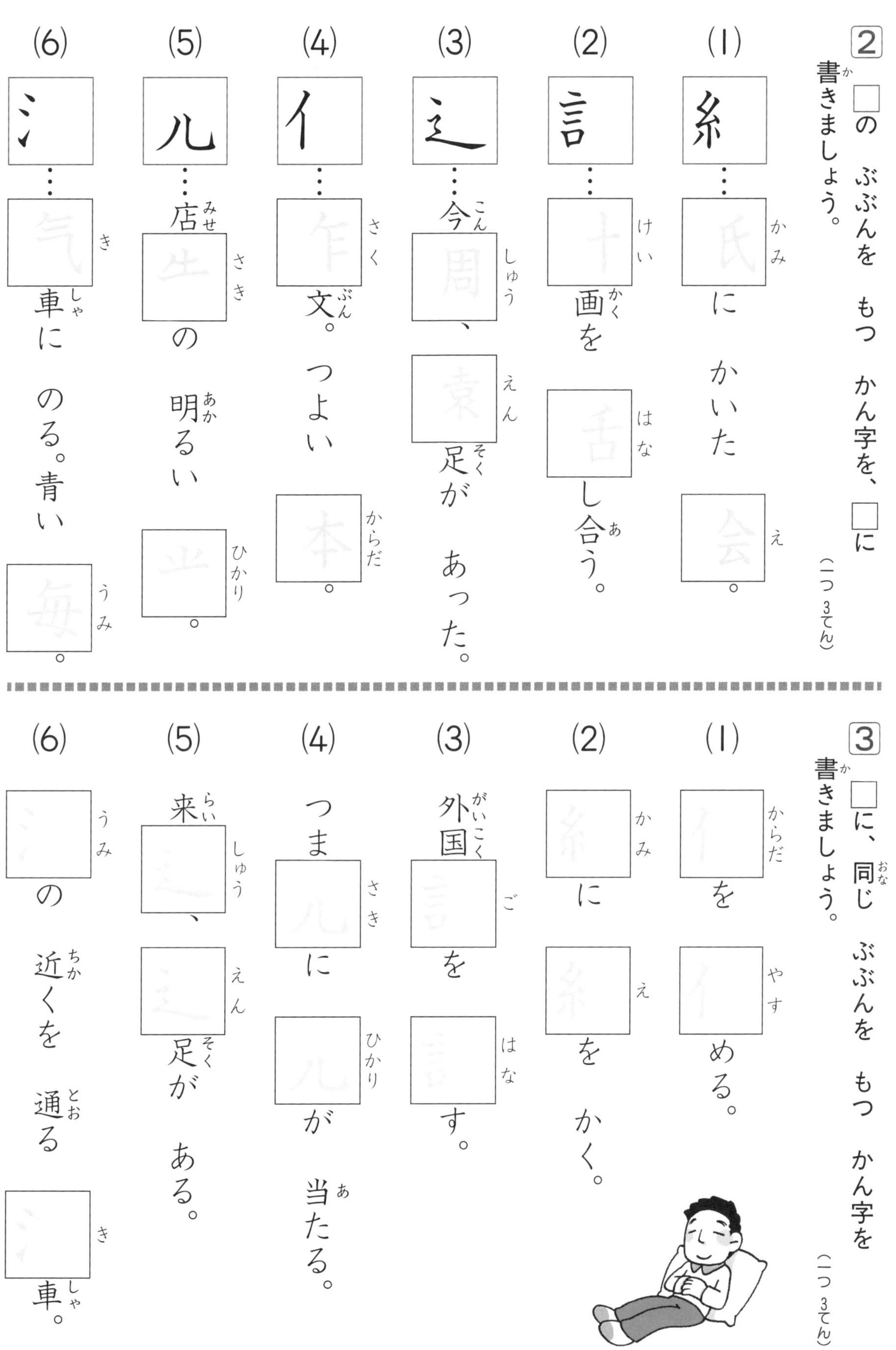

2 □の ぶぶんを もつ かん字を、□に書(か)きましょう。（一つ 3てん）

(1) 糸…□(かみ)に かいた □(え)。

(2) 言…□(けい)画(かく)を □(はな)し合(あ)う。

(3) 辶…今(こん)□(しゅう)、□(えん)足(そく)が あった。

(4) イ…□(さく)文(ぶん)。つよい □(からだ)。

(5) 儿…店(みせ)□(さき)の 明(あか)るい □(ひかり)。

(6) 氵…□(き)車(しゃ)に のる。青い □(うみ)。

3 □に、同(おな)じ ぶぶんを もつ かん字を 書(か)きましょう。（一つ 3てん）

(1) □(からだ)を □(やす)める。

(2) □(かみ)に □(え)を かく。

(3) 外国(がいこく)□(ご)を □(はな)す。

(4) つま□(さき)に □(ひかり)が 当(あ)たる。

(5) 来(らい)□(しゅう)、□(えん)足(そく)が ある。

(6) □(うみ)の 近(ちか)くを 通(とお)る □(き)車(しゃ)。

23 同(おな)じ ぶぶんを もつ かん字②

同(おな)じ ぶぶんを もつ かん字

同(おな)じ ぶぶんを もつ かん字でも、入る ところが ちがう ことが あります。

田…男・町・番

入る ところに よって、「田」の 形(かたち)も ちがって います。

おぼえよう

口…名・右・古・合・台・同

木…校・森・村・本・林・楽・東

日…早・時・春・星・晴・昼・明・曜

1 □の ぶぶんを もつ かん字を □に 書(か)きましょう。（一つ 2てん）

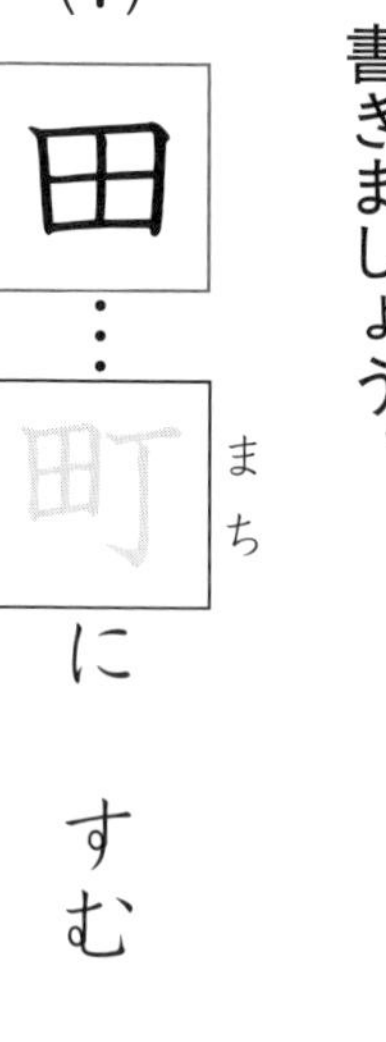

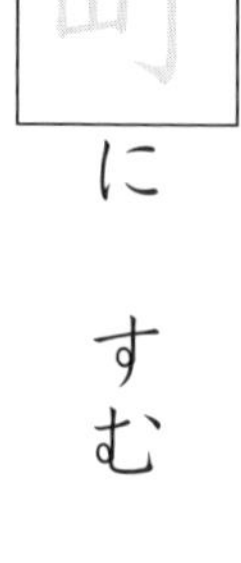

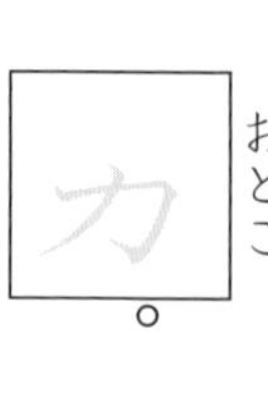

(1) 田…□(まち)に すむ □(おとこ)。

(2) 口…□(ふる)い □(だい)どころ。

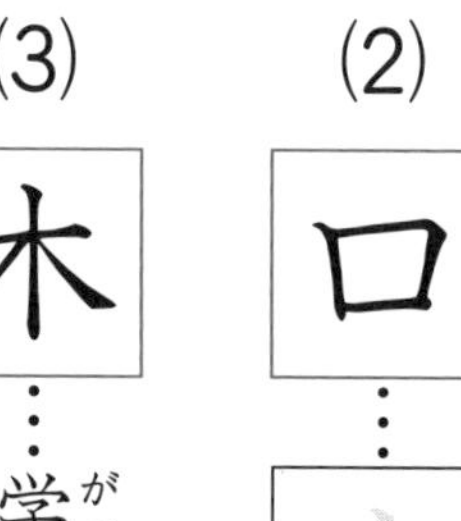

(3) 木…学(がっ)□(こう)の 近(ちか)くの □(はやし)。

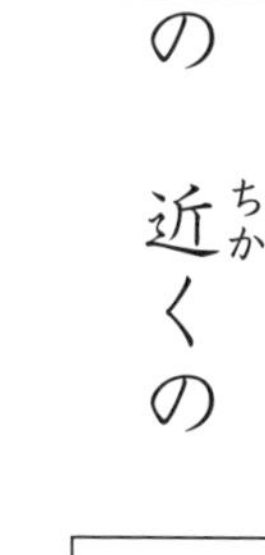

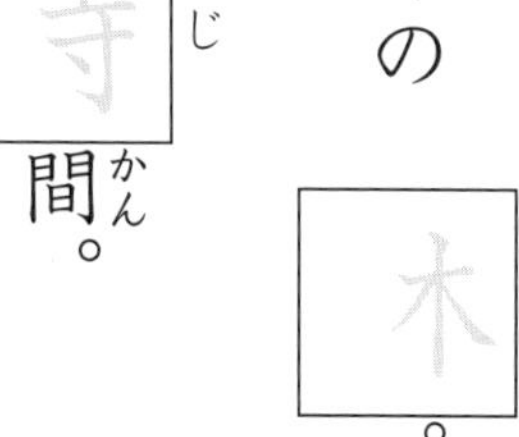

(4) 日…朝(あさ) □(はや)い □(じ)間(かん)。□(あか)るい □(ほし)。

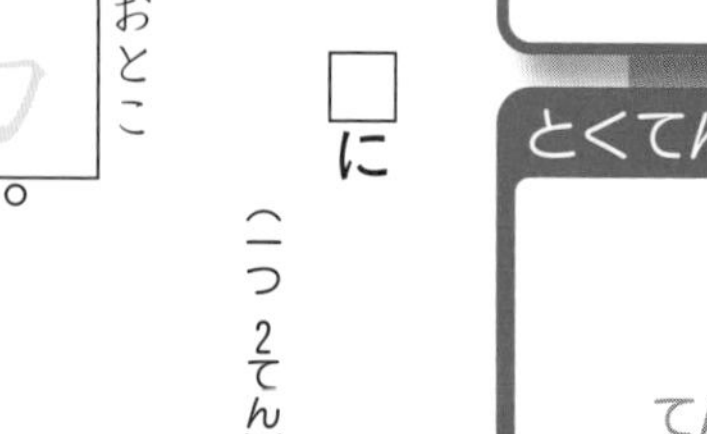

とくてん　　てん

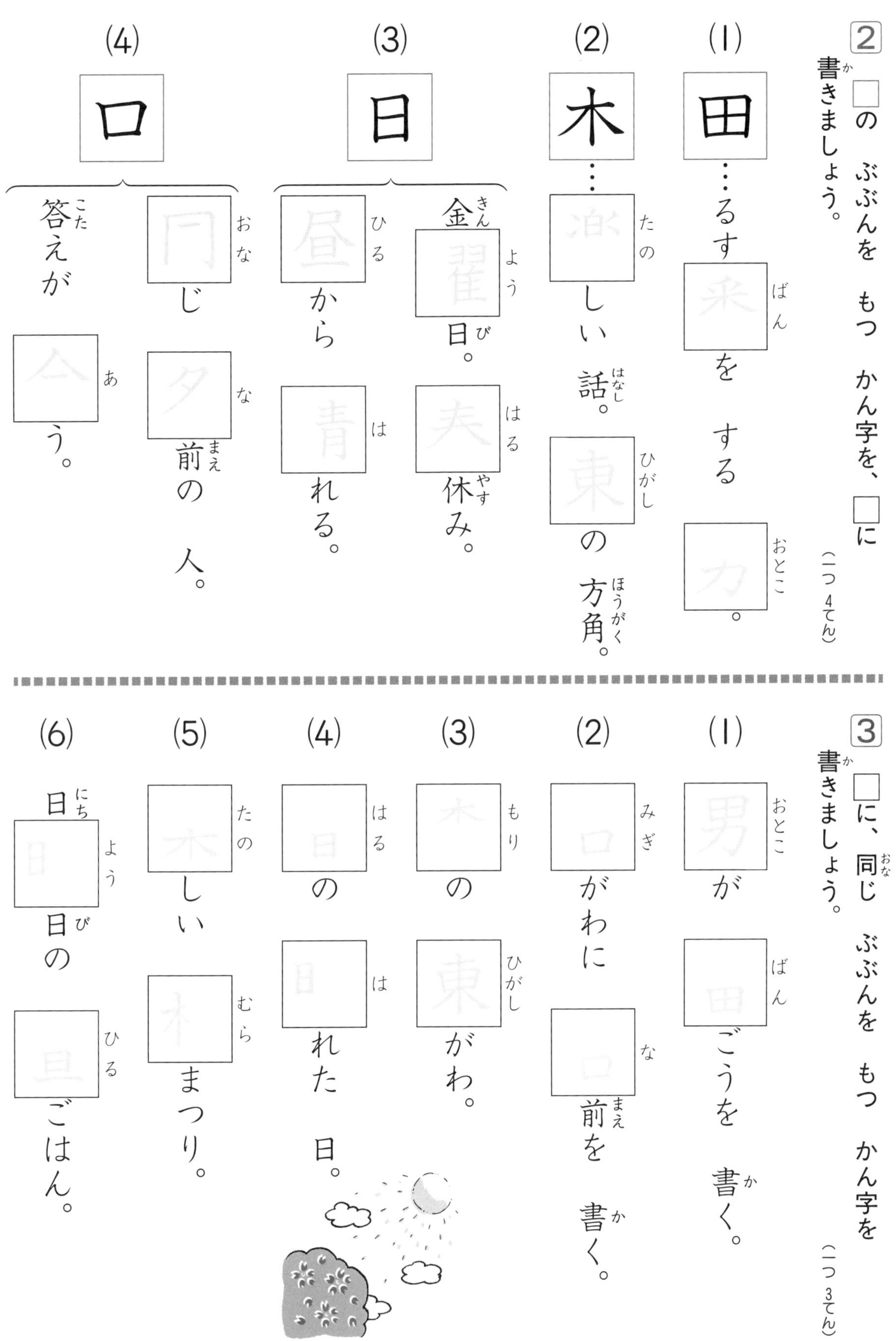

2 □の ぶぶんを もつ かん字を、□に 書(か)きましょう。（一つ4てん）

(1) 田…るす□(ばん)を する □(おとこ)。

(2) 木…□(たの)しい 話(はなし)。 □(ひがし)の 方角(ほうがく)。

(3) 日
- 金(きん)□(よう)日(び)。 □(はる)休(やす)み。
- □(ひる)から □(は)れる。

(4) 口
- □(おな)じ □(な)前(まえ)の 人。
- 答(こた)えが □(あ)う。

3 □に、同(おな)じ ぶぶんを もつ かん字を 書(か)きましょう。（一つ3てん）

(1) □(おとこ)が □(ばん)ごうを 書(か)く。

(2) □(みぎ)がわに □(な)前(まえ)を 書(か)く。

(3) □(もり)の □(ひがし)がわ。

(4) □(はる)の □(は)れた 日。

(5) □(たの)しい □(むら)まつり。

(6) 日(にち)□(よう)日(び)の □(ひる)ごはん。

24 ふくしゅうドリル④

1 つぎの かん字の ぶぶんを 組(く)み合(あ)わせて、□に かん字を 書(か)きましょう。（一つ 2てん）

(1) 王＋里…□(り)科(か)室(しっ)に 入る。

(2) 女＋未…□(いもうと)の ハンカチ。

(3) 土＋也…たいらな 土(と)□(ち)。

(4) 竹＋⿱目廾…□(さん)数(すう)の もんだい。

(5) 雨＋云…雨(あま)□(ぐも)が 広(ひろ)がる。

2 □に 同(おな)じ ぶぶんを もつ かん字を 書(か)きましょう。（一つ 3てん）

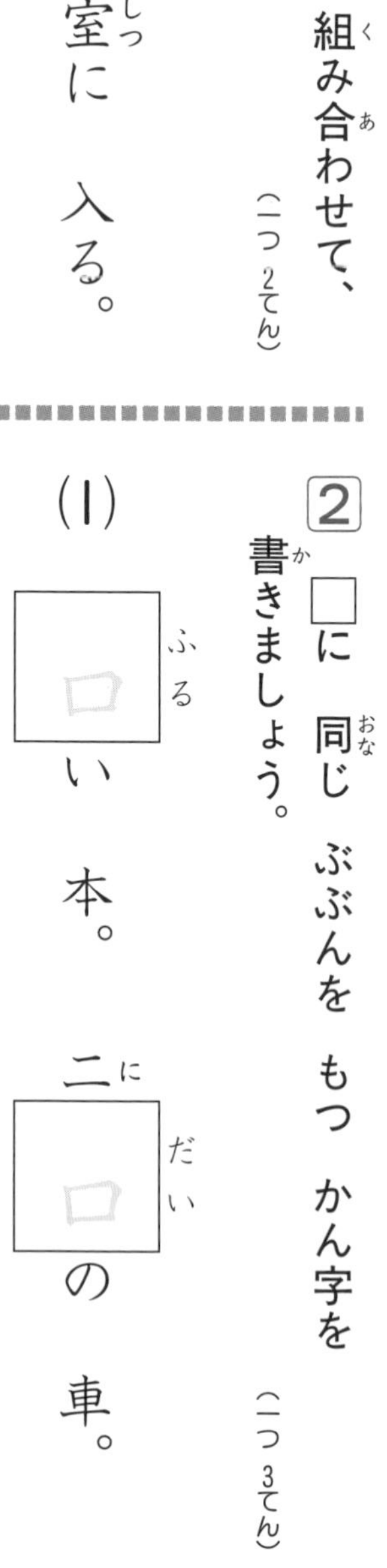

(1) □〔口〕(ふる)い 本。 二(に)□〔口〕(だい)の 車。

(2) 国(こく)□〔言〕(ご)の 本を □〔言〕(よ)む。

(3) 明(あか)るい □〔儿〕(ひかり)。 つま□〔儿〕(さき)。

(4) □〔糸〕(かみ)に □〔糸〕(せん)を 引(ひ)く。

(5) □〔亻〕(なに)を □〔亻〕(つく)るか きめる。

とくてん

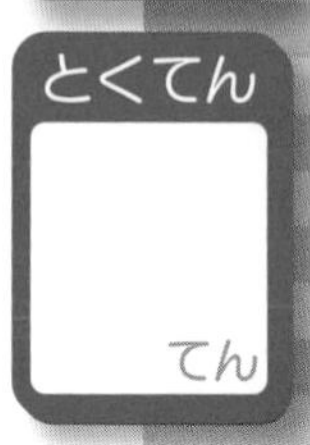

てん

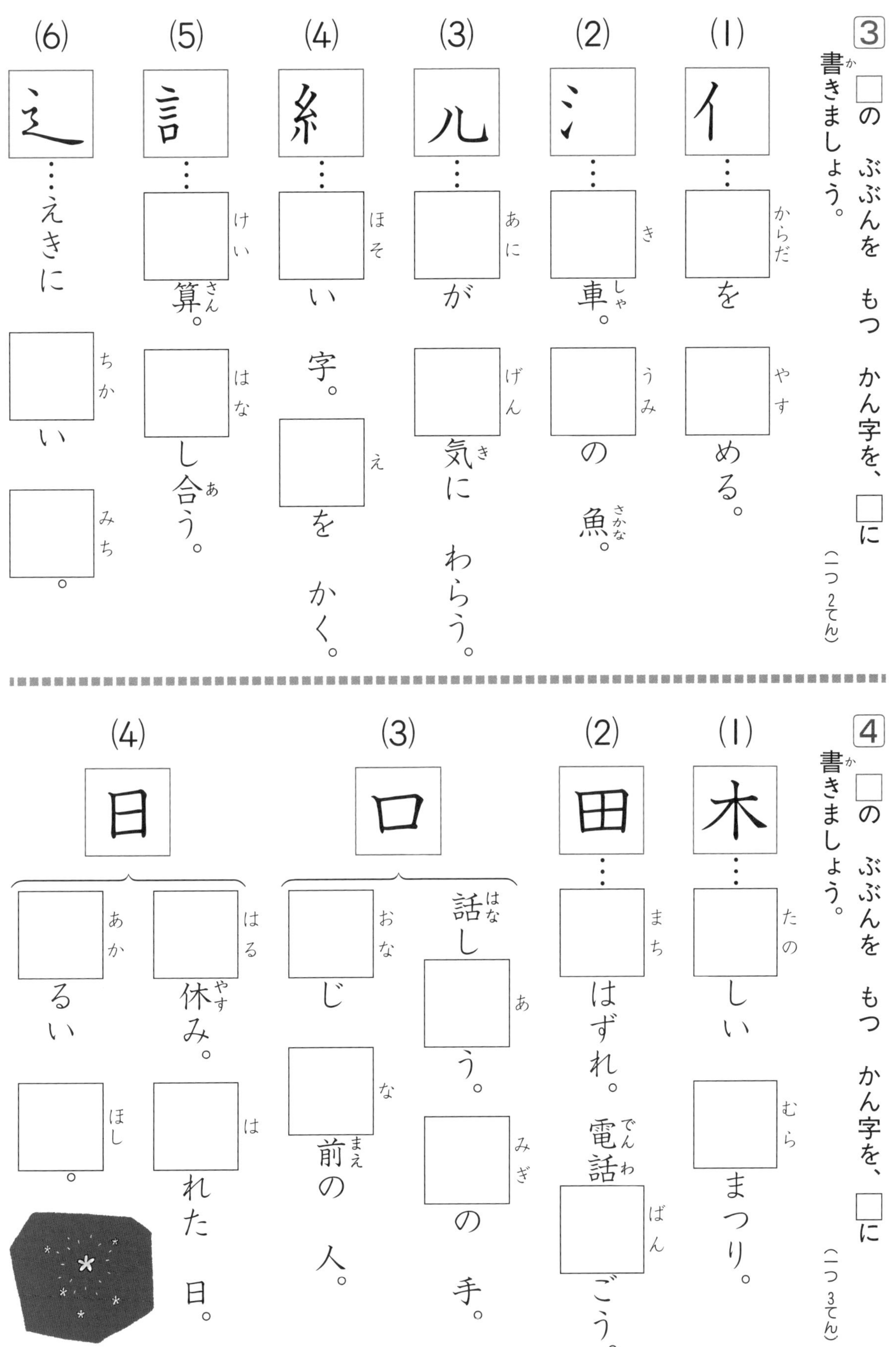

3 □の ぶぶんを もつ かん字を、□に 書きましょう。（一つ 2てん）

(1) イ … □(からだ)を □(やす)める。

(2) 氵 … □(き)車。 □(うみ)の 魚。

(3) 儿 … □(あに)が □(げん)気に わらう。

(4) 糸 … □(ほそ)い 字。 □(え)を かく。

(5) 言 … □(けい)算。 □(はな)し合う。

(6) 辶 … えきに □(ちか)い □(みち)。

---

4 □の ぶぶんを もつ かん字を、□に 書きましょう。（一つ 3てん）

(1) 木 … □(たの)しい □(むら)まつり。

(2) 田 … □(まち)はずれ。 電話□(ばん)ごう。

(3) 口

話し □(あ)う。 □(みぎ)の 手。

□(おな)じ □(な)前の 人。

(4) 日

□(はる)休み。 □(は)れた 日。

□(あか)るい □(ほし)。

25

かん字の いろいろな 読み方①

かん字の いろいろな 読み方

かん字には、つかい方に よって、ちがう 読み方を する ものが あります。

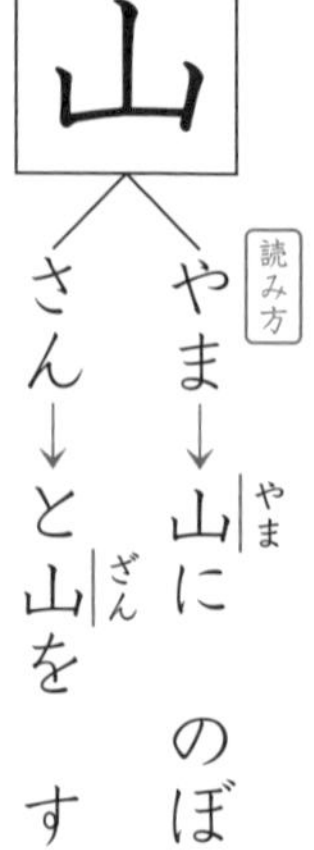

おぼえよう

牛
- 牛が 鳴く。
- 牛にゅう。

国
- 国の 広さ。
- 外国人。

池
- 池の 魚。
- かん電池。

海
- 青い 海。
- 海外りょ行。

前
- 前と 後ろ。
- 前後を 見る。

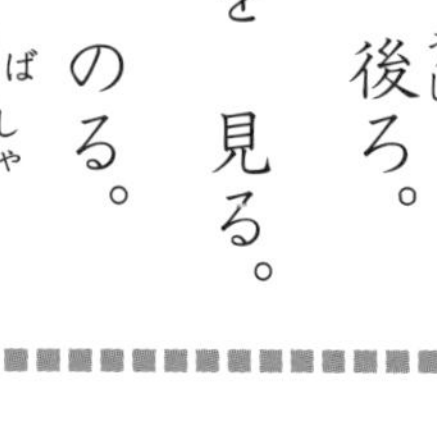

馬
- 馬に のる。
- 古い 馬車。

1 ――の かん字の 読みがなを 書きましょう。((1)～(3)は 一つ 2てん、(4)～(6)は 一つ 3てん)

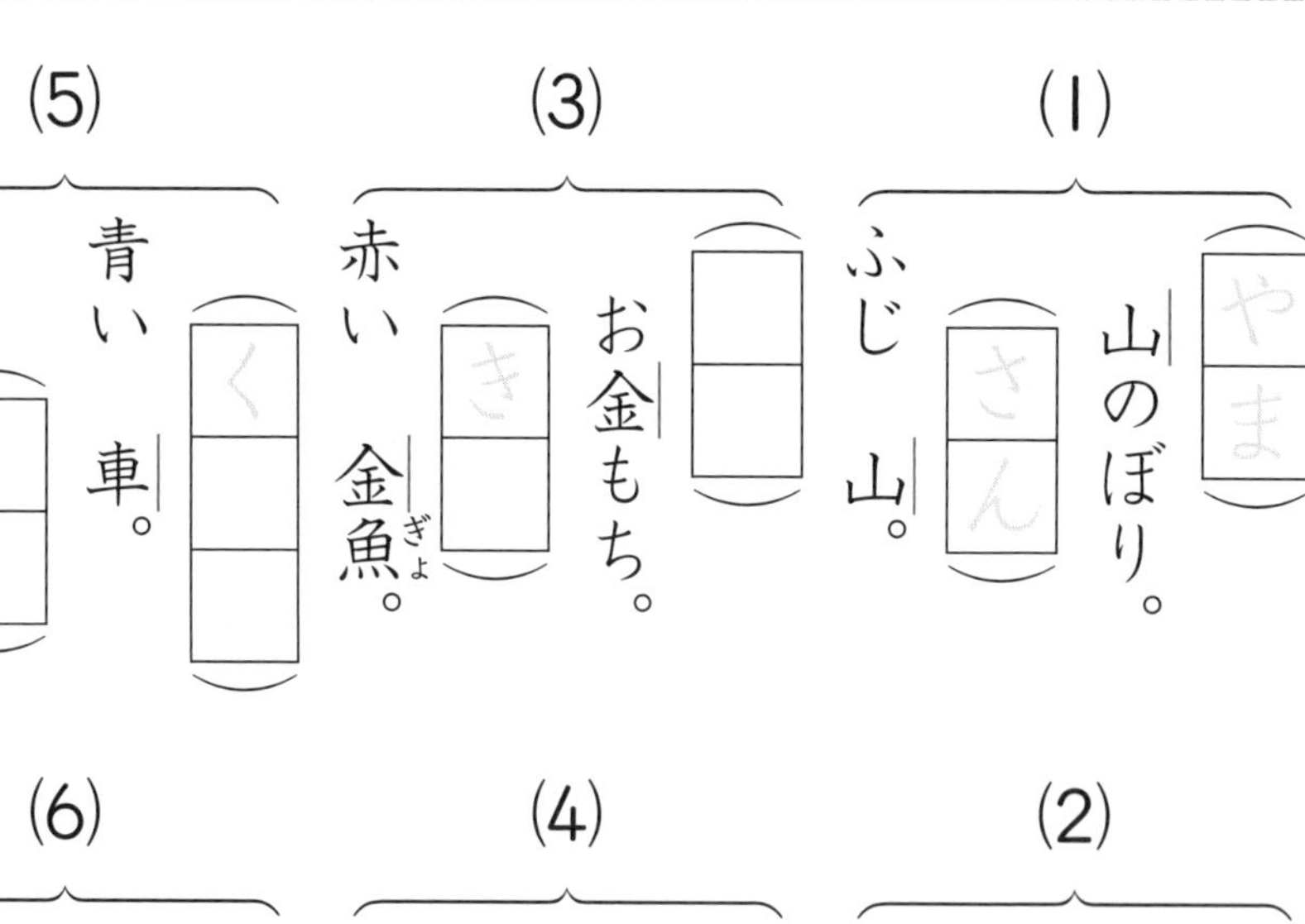

(1) 山のぼり。（やま）　ふじ 山。（さん）

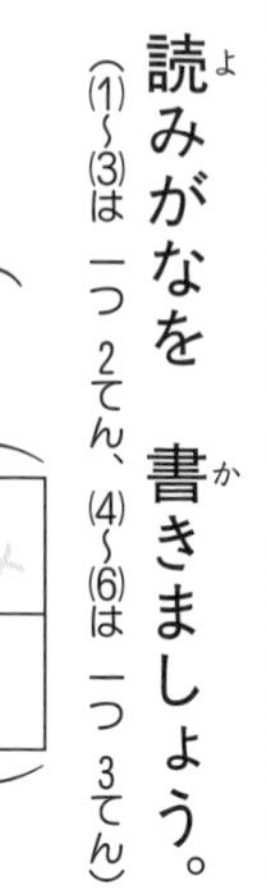

(2) 川の 水。（み）　水曜日。（す）

(3) お金もち。（　）　赤い 金魚。（き）

(4) 白い 犬。（　）　けいさつ犬。（　）

(5) 青い 車。（く）　自どう車。（　）

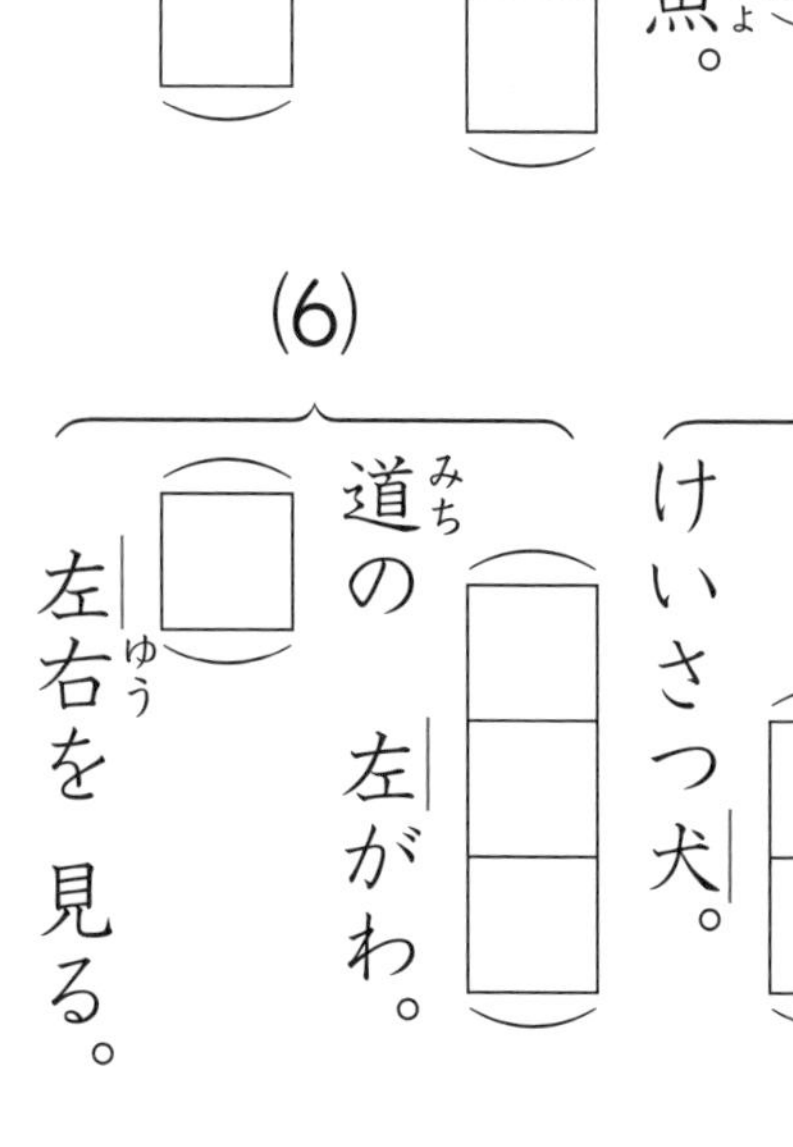

(6) 道の 左がわ。（　）　左右を 見る。（　）

とくてん　　てん

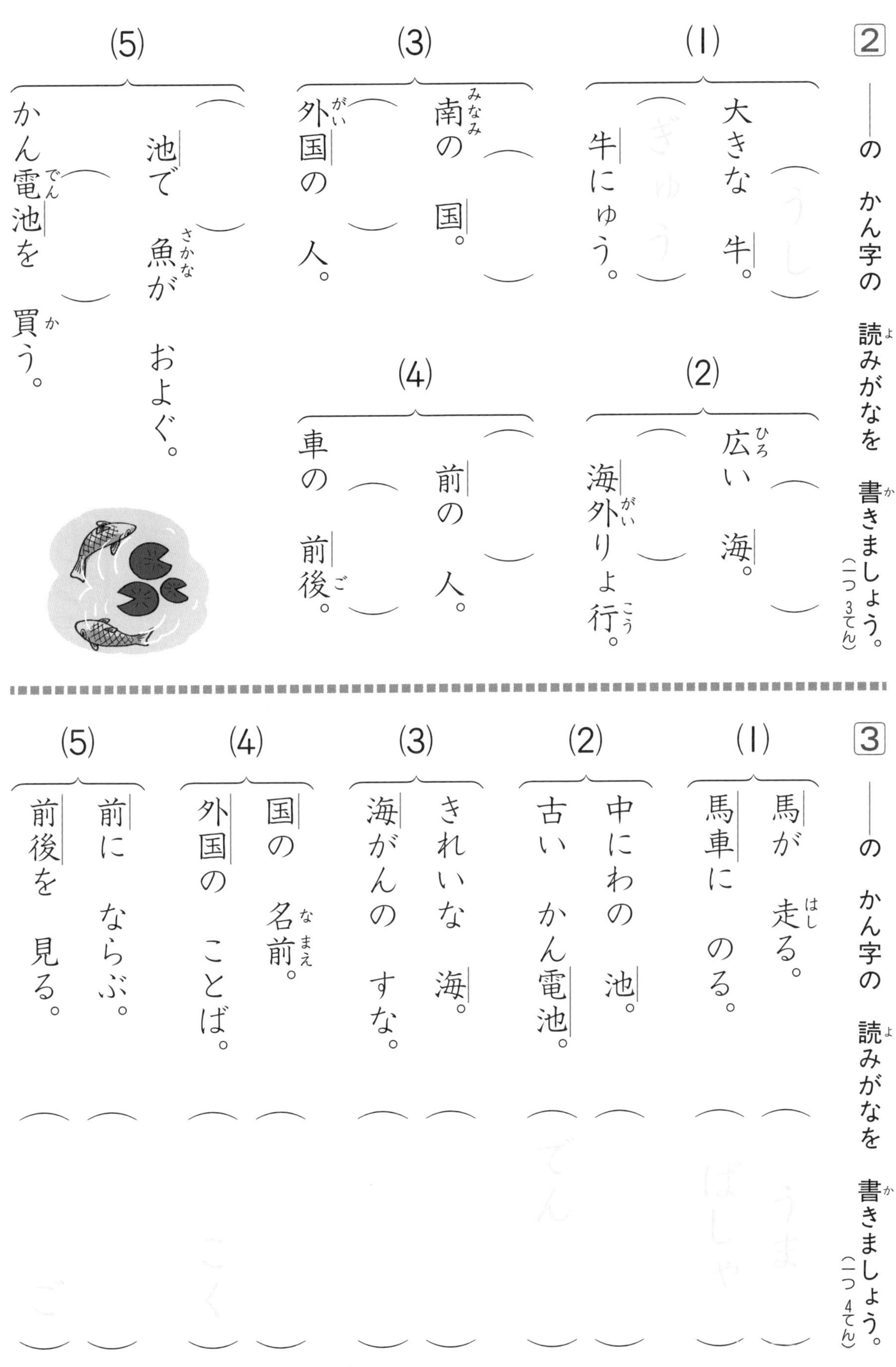

2 ――の かん字の 読みがなを 書きましょう。（一つ 3てん）

(1) 大きな 牛。（うし）
牛にゅう。（ぎゅう）

(2) 広い 海。（　）
海外りょ行。（　）

(3) 南の 国。（　）
外国の 人。（　）

(4) 前の 人。（　）
車の 前後。（　）

(5) 池で 魚が およぐ。（　）
かん電池を 買う。（　）

3 ――の かん字の 読みがなを 書きましょう。（一つ 4てん）

(1) 馬が 走る。（うま）
馬車に のる。（ばしゃ）

(2) 中にわの 池。（　）
古い かん電池。（でん）

(3) きれいな 海。（　）
海がんの すな。（　）

(4) 国の 名前。（　）
外国の ことば。（こく）

(5) 前に ならぶ。（　）
前後を 見る。（ご）

26 かん字の いろいろな 読み方②

たくさんの 読み方が ある かん字

かん字に よっては、たくさんの 読み方が ある ものも あります。

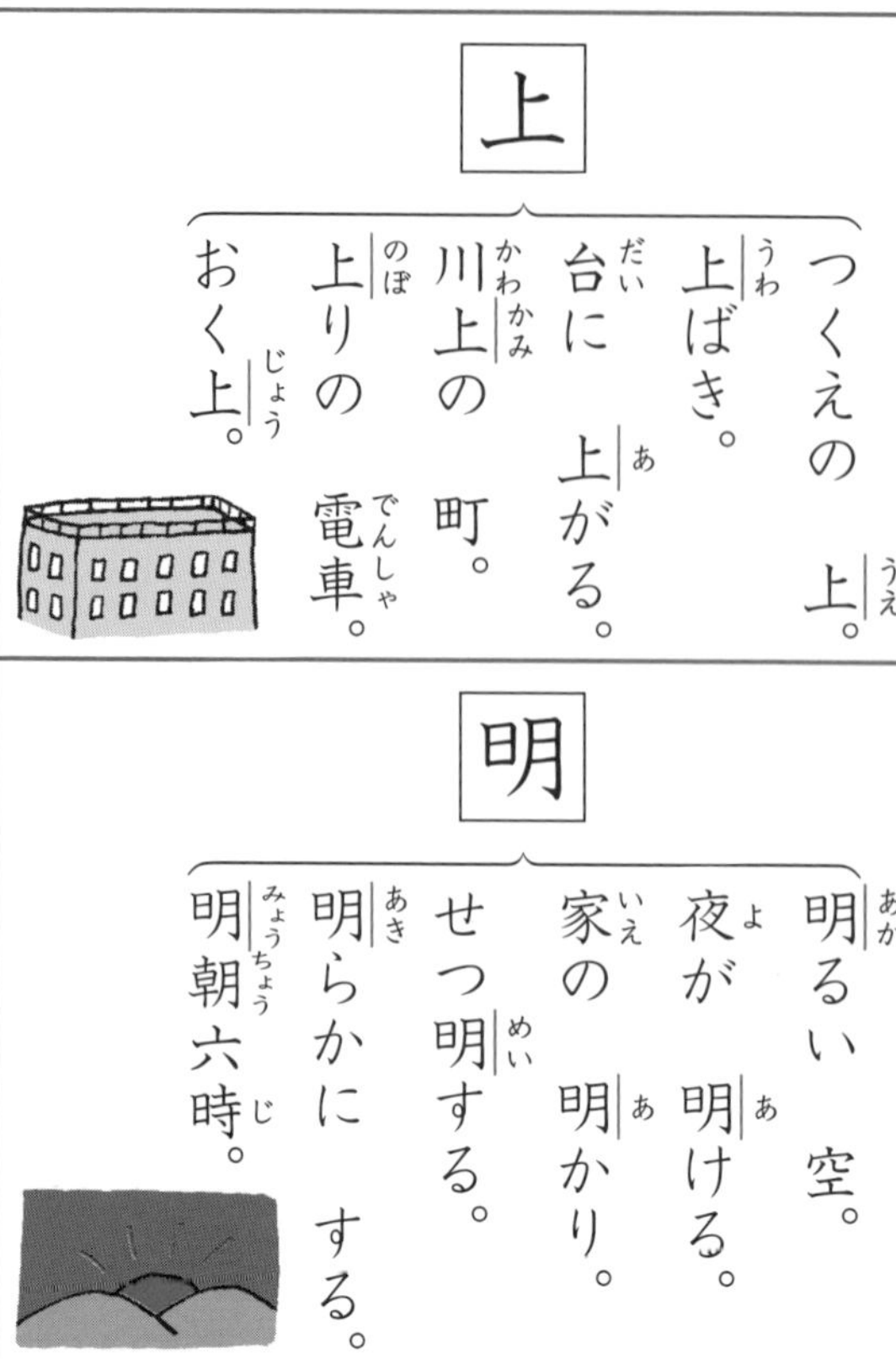

上

つくえの 上（うえ）。
上（うわ）ばき。
台（だい）に 上（あ）がる。
川上（かわかみ）の 町。
上（のぼ）りの 電車（でんしゃ）。
おく上（じょう）。

明

明（あか）るい 空。
夜（よ）が 明（あ）ける。
家（いえ）の 明（あ）かり。
せつ明（めい）する。
明（あき）らかに する。
明朝（みょうちょう）六時（じ）。

また、「上がる」「上り」のように、かん字の あとに つける かなを「**おくりがな**」と いいます。

1 ――の かん字の 読（よ）みがなを 書（か）きましょう。（一つ 2てん）

(1)
たなの 上に（うえ） はこを 上げる。（　）
父（ちち）の 上着（ぎ）。（うわ） 山の ちょう上。（　）
川上（かわ）に（　） 上る（　） さけ。

(2)
明るい（　） 色（いろ）。 年が 明ける。（　）
月の 明かり。（　） 明らかに（　） ちがう。
はつ明する。（　） 明朝（ちょう）の（　） 天気。

とくてん　　てん

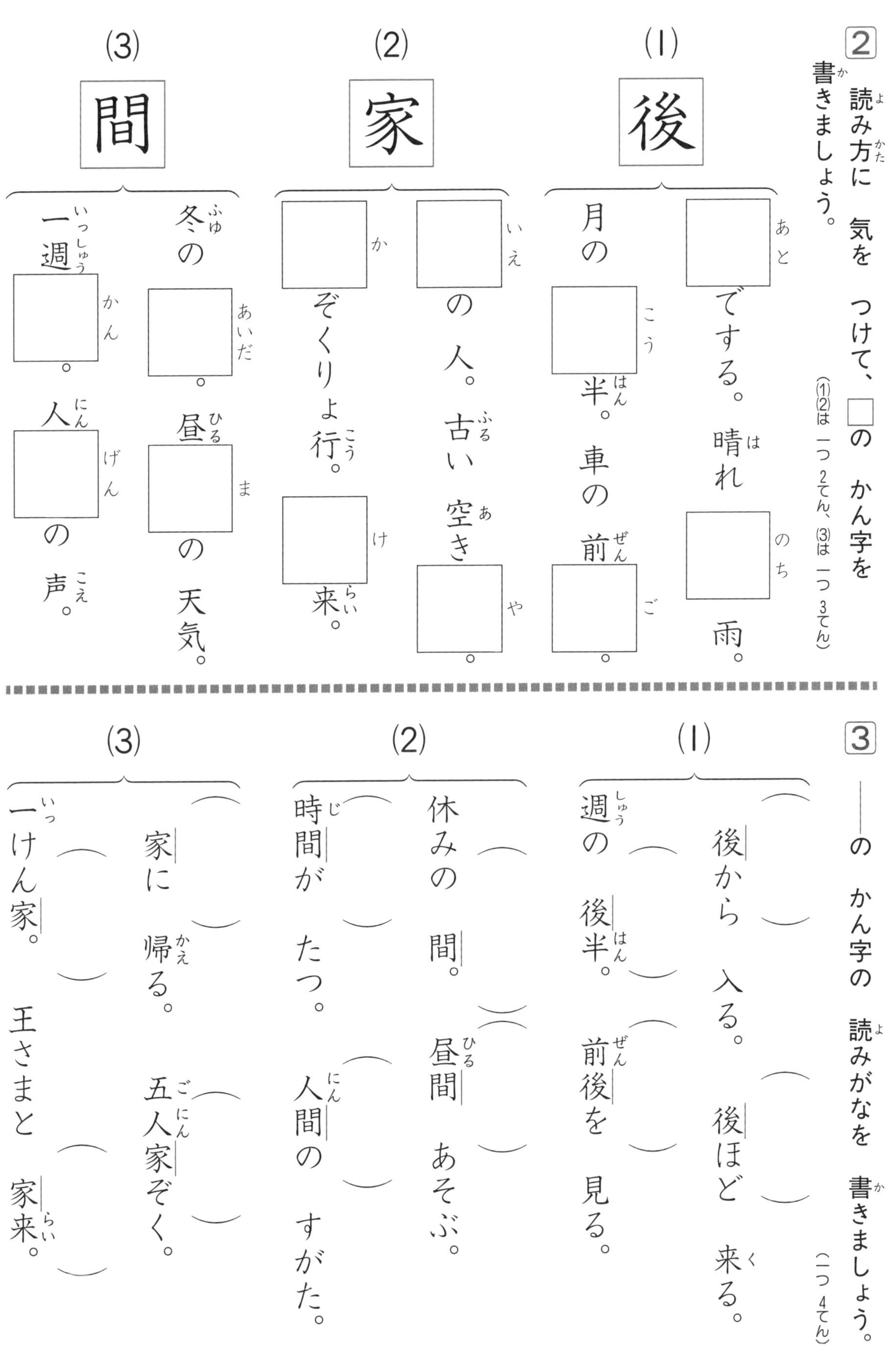

2 読み方に 気を つけて、□の かん字を 書きましょう。（(1)(2)は 一つ 2てん、(3)は 一つ 3てん）

(1) 後

□（あと）でする。 晴れ □（のち） 雨。

月の □（こう）半。 車の 前□（ご）。

(2) 家

□（いえ）の 人。 古い 空き□（や）。

□（か）ぞくりょ行。 □（け）来。

(3) 間

冬の □（あいだ）。 昼□（ま）の 天気。

一週□（かん）。 人□（げん）の 声。

3 ――の かん字の 読みがなを 書きましょう。（一つ 4てん）

(1)

後から 入る。（　　）

後ほど 来る。（　　）

週の 後半。（　　）

前後を 見る。（　　）

(2)

休みの 間。（　　）

昼間 あそぶ。（　　）

時間が たつ。（　　）

人間の すがた。（　　）

(3)

家に 帰る。（　　）

五人家ぞく。（　　）

一けん家。（　　）

王さまと 家来。（　　）

27 なかまの かん字①

なかまの かん字①

かん字には、いみで なかま分け できる ものが あります。

おぼえよう

- しょくぶつ…花・草・竹・米・麦
- しぜん…林・森・空・池・谷・岩・海・風・星
- 天気…雨・晴・雲・雪
- 時…朝・昼・夕・夜
- 方角…東・西・南・北
- きせつ…春・夏・秋・冬

1 つぎの なかまの かん字を 下から えらんで、――で むすびましょう。（一つ 2てん）

(1) どうぶつ ・　　・ア 花・竹・米・麦
(2) しょくぶつ ・　　・イ 犬・牛・馬・鳥
(3) しぜん ・　　・ウ 東・西・南・北
(4) 方角 ・　　・エ 春・夏・秋・冬
(5) きせつ ・　　・オ 林・森・空・海

2 ――の かん字の 読みがなを 書きましょう。（一つ 4てん）

(1) 朝日。（あさ）

(2) 昼休み。（　　）

(3) 夜ごはん。（　　）

とくてん　　てん

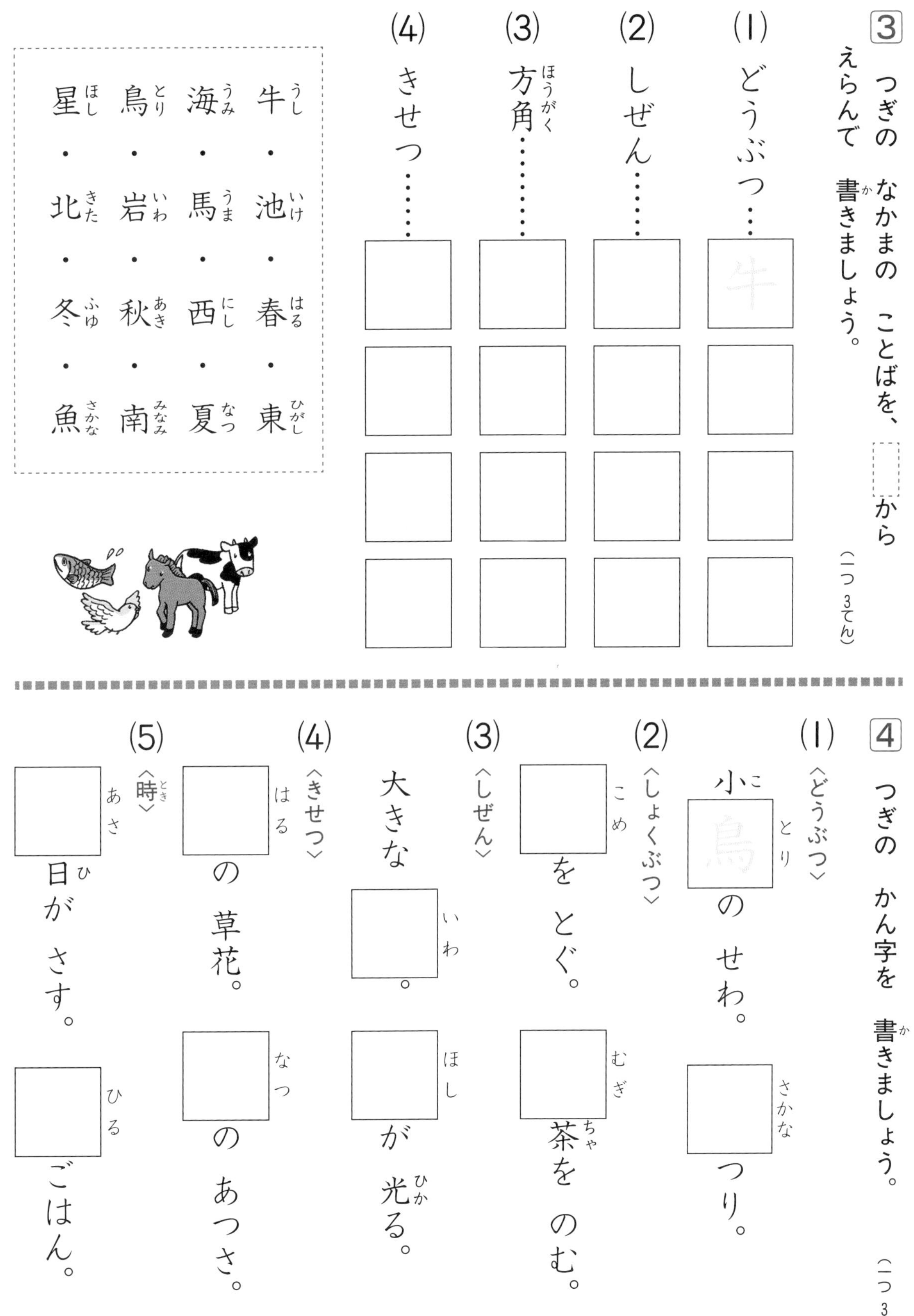

3 つぎの　なかまの　ことばを、□から　えらんで　書きましょう。（一つ　3てん）

(1) どうぶつ……牛□□□
(2) しぜん……□□□□
(3) 方角……□□□□
(4) きせつ……□□□□

牛・池・春・東
海・馬・西・夏
鳥・岩・秋・南
星・北・冬・魚

4 つぎの　かん字を　書きましょう。（一つ　3てん）

(1) 〈どうぶつ〉
小鳥（ことり）の　せわ。
□（さかな）つり。

(2) 〈しょくぶつ〉
□（こめ）を　とぐ。
□（むぎ）茶を　のむ。

(3) 〈しぜん〉
大きな　□（いわ）。
□（ほし）が　光る。

(4) 〈きせつ〉
□（はる）の　草花。
□（なつ）の　あつさ。

(5) 〈時〉
□（あさ）日が　さす。
□（ひる）ごはん。

28 なかまの　かん字②

とくてん　　てん

なかまの　かん字②

27回(54ページ)の　ほかにも、なかま分け　できる　かん字が　あります。

家ぞく

父

母

兄

姉

弟

妹

親
子

おぼえよう

- 方こう…上・下・右・左・前・後
- 体…手・足・首・頭・顔・口・目・耳・毛
- 色…白・赤・青・黄・茶・黒
- まち…町・村・市・店・家・寺・公園・電車
- 学校…教室・国語・算数・理科・社会・音楽・体育・生活・図画工作・読書・歌・名前

1 つぎの　なかまの　かん字を　下から　えらんで、――で　むすびましょう。(一つ　2てん)

(1) 家ぞく　・　　・ア 下・左・前・後

(2) 方こう　・　　・イ 国語・理科・音楽

(3) 色　・　　・ウ 父・母・姉・妹

(4) まち　・　　・エ 市・店・寺・電車

(5) 学校　・　　・オ 白・黄・茶・黒

2 ――の　かん字の　読みがなを　書きましょう。(一つ　4てん)

(1) 手首。(くび)

(2) 頭の　上。(　　　)

(3) わらい顔。(　　　)

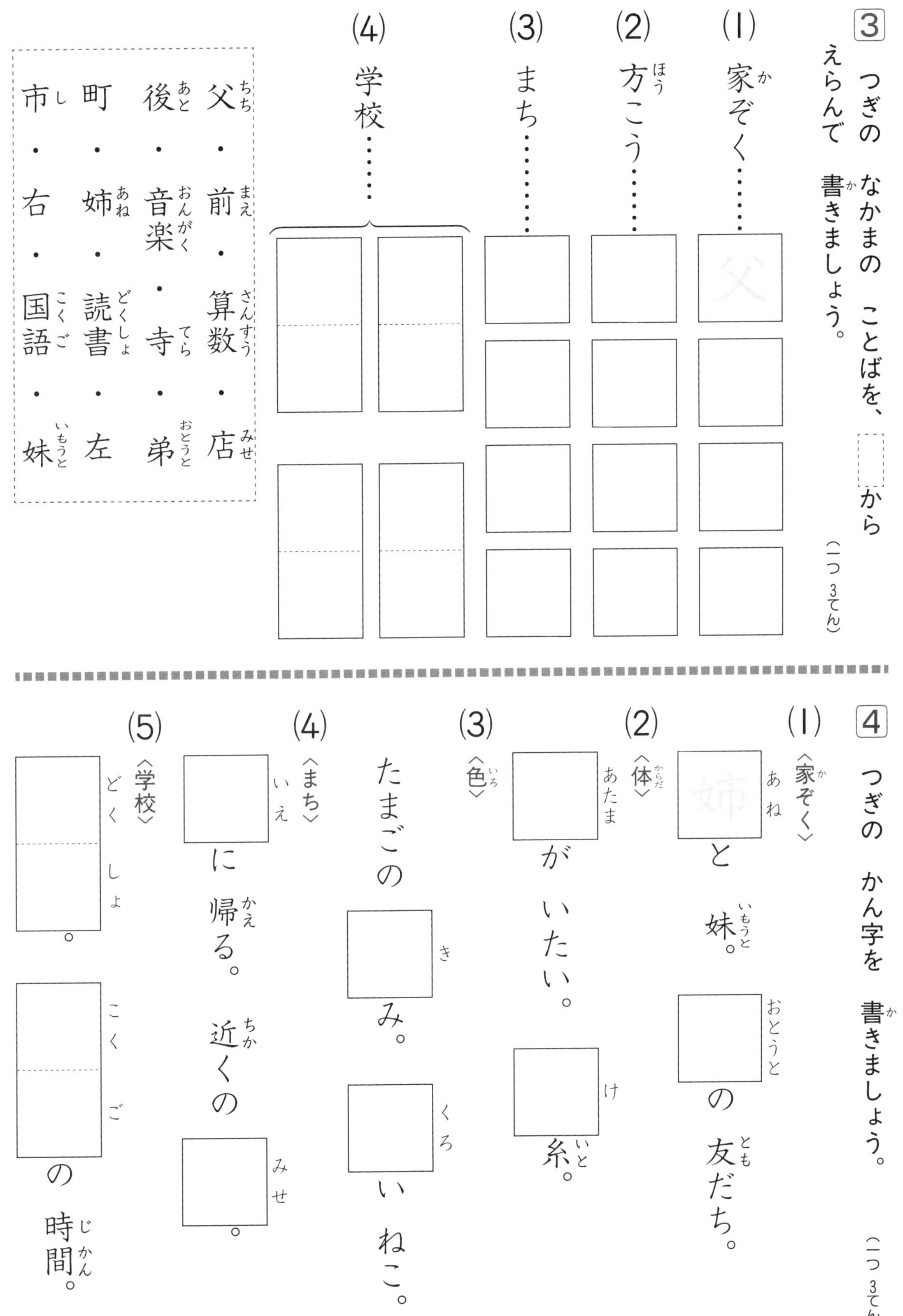

3 つぎの なかまの ことばを、[ ]から えらんで 書きましょう。（一つ 3てん）

(1) 家ぞく……

(2) 方こう……

(3) まち……

(4) 学校……

父・前・算数・店
後・音楽・寺・弟
町・姉・読書・左
市・右・国語・妹

4 つぎの かん字を 書きましょう。（一つ 3てん）

(1) 〈家ぞく〉 あね と 妹。 おとうと の 友だち。

(2) 〈体〉 あたま が いたい。 け 糸。

(3) 〈色〉 たまごの き み。 くろ い ねこ。

(4) 〈まち〉 いえ に 帰る。 近くの みせ 。

(5) 〈学校〉 どくしょ 。 こくご の 時間。

29 ふくしゅうドリル⑤

1 ――の かん字の 読(よ)みがなを 書(か)きましょう。（一つ 2てん）

(1) 池の 生きもの。（　）
古(ふる)い 電池。（　）

(2) 国の 名前(なまえ)。（　）
外国の ことば。（　）

(3) 歌声が 聞(き)こえる。（　）
校歌を ならう。（　）

(4) 朝日が まぶしい。（　）
朝食の 時間(じかん)。（　）

2 ――の かん字の 読(よ)みがなを 書(か)きましょう。（一つ 2てん）

(1) 後で 行(い)く。（　）
後ろを 走(はし)る。（　）
午後(ご)の 天気。（　）
しあいの 後半(はん)。（　）

(2) 夏(なつ)の 間。（　）
昼(ひる)間の 天気。（　）
一時間(いちじ)。（　）
人間(にん)の 生活(せいかつ)。（　）

(3) 明るい 光(ひかり)。（　）
夜(よ)が 明ける。（　）
せつ明を 聞(き)く。（　）
明朝(ちょう)の 天気。（　）

とくてん
てん

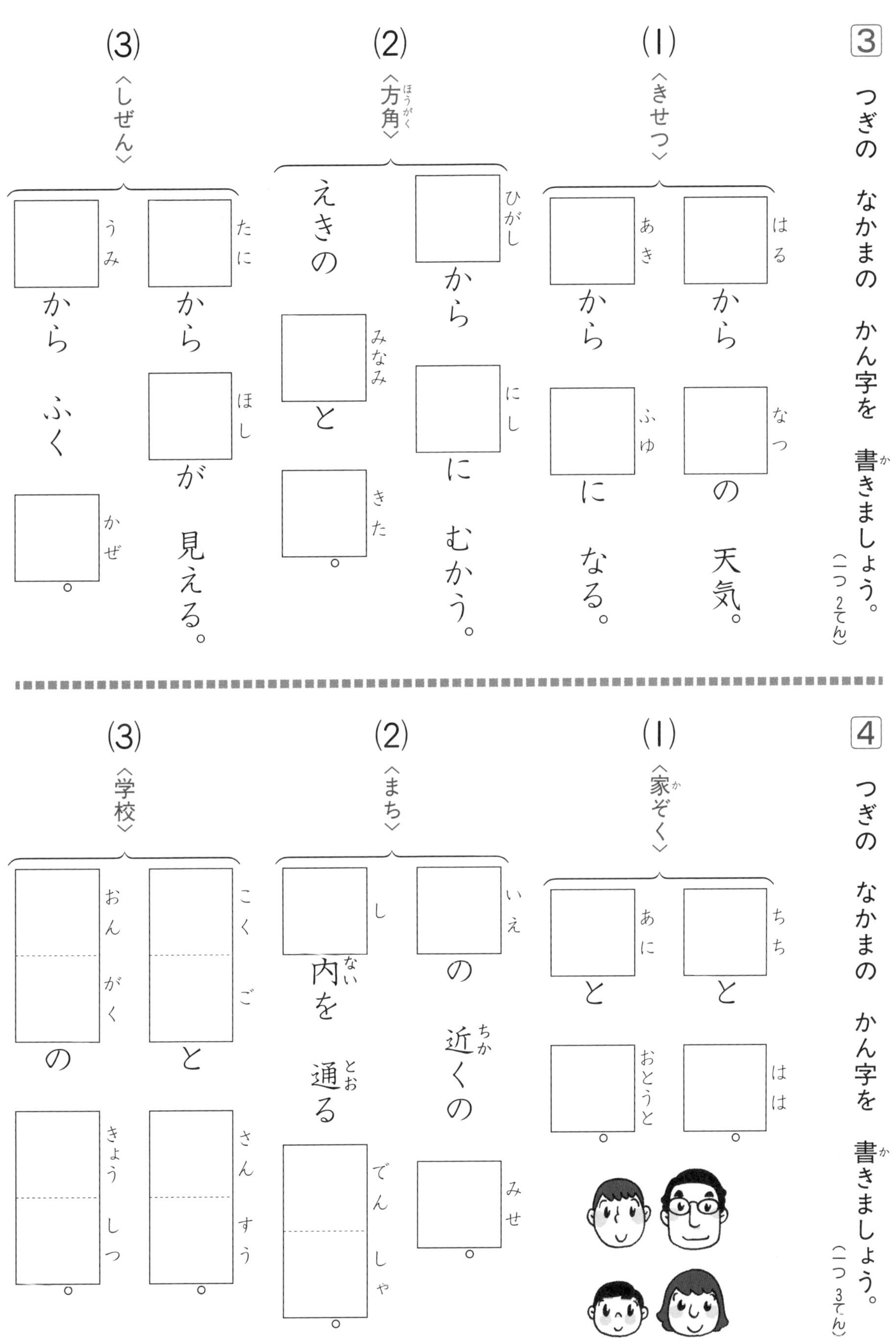

3 つぎの　なかまの　かん字を　書きましょう。（一つ2てん）

(1)〈きせつ〉
□（はる）から　□（なつ）の　天気。
□（あき）から　□（ふゆ）に　なる。

(2)〈方角〉
□（ひがし）から　□（にし）に　むかう。
えきの　□（みなみ）と　□（きた）。

(3)〈しぜん〉
□（たに）から　□（ほし）が　見える。
□（うみ）から　ふく　□（かぜ）。

4 つぎの　なかまの　かん字を　書きましょう。（一つ3てん）

(1)〈家ぞく〉
□（ちち）と　□（はは）。
□（あに）と　□（おとうと）。

(2)〈まち〉
□（いえ）の　近くの　□（みせ）。
□（し）内を　通る　□□（でんしゃ）。

(3)〈学校〉
□□（こくご）と　□□（さんすう）。
□□（おんがく）の　□□（きょうしつ）。

30 形(かたち)の　にた　かん字①

形(かたち)の　よく　にた　かん字①

かん字には、形(かたち)が　よく　にた　ものが　あります。

大	犬	太

・大きな　犬。
・太(ふと)った　ねこ。

●の　ぶぶんに　ちゅういして　書(か)きましょう。

おぼえよう

万・方
・一万円さつ。
・家(いえ)の　方角(ほうがく)。

目・自
・目じるしに　なる。
・自分(じぶん)の　名前(なまえ)。

力・刀
・力を　入れる。
・むかしの　刀(かたな)。

牛・午
・牛(うし)の　鳴(な)き声(ごえ)。
・午後(ごご)の　天気。

1 ――に　合(あ)う　かん字を、○で　かこみましょう。（一つ　4てん）

(1) おお〔犬・大〕きな　すぎの　木。

(2) 一(いち)まん〔方・万〕円(えん)の　買(か)いもの。

(3) め〔目・自〕玉(だま)やきを　食(た)べる。

(4) ちから〔刀・力〕もちの　おとうさん。

(5) 子(こ)うし〔午・牛〕の　せわを　する。

とくてん　　てん

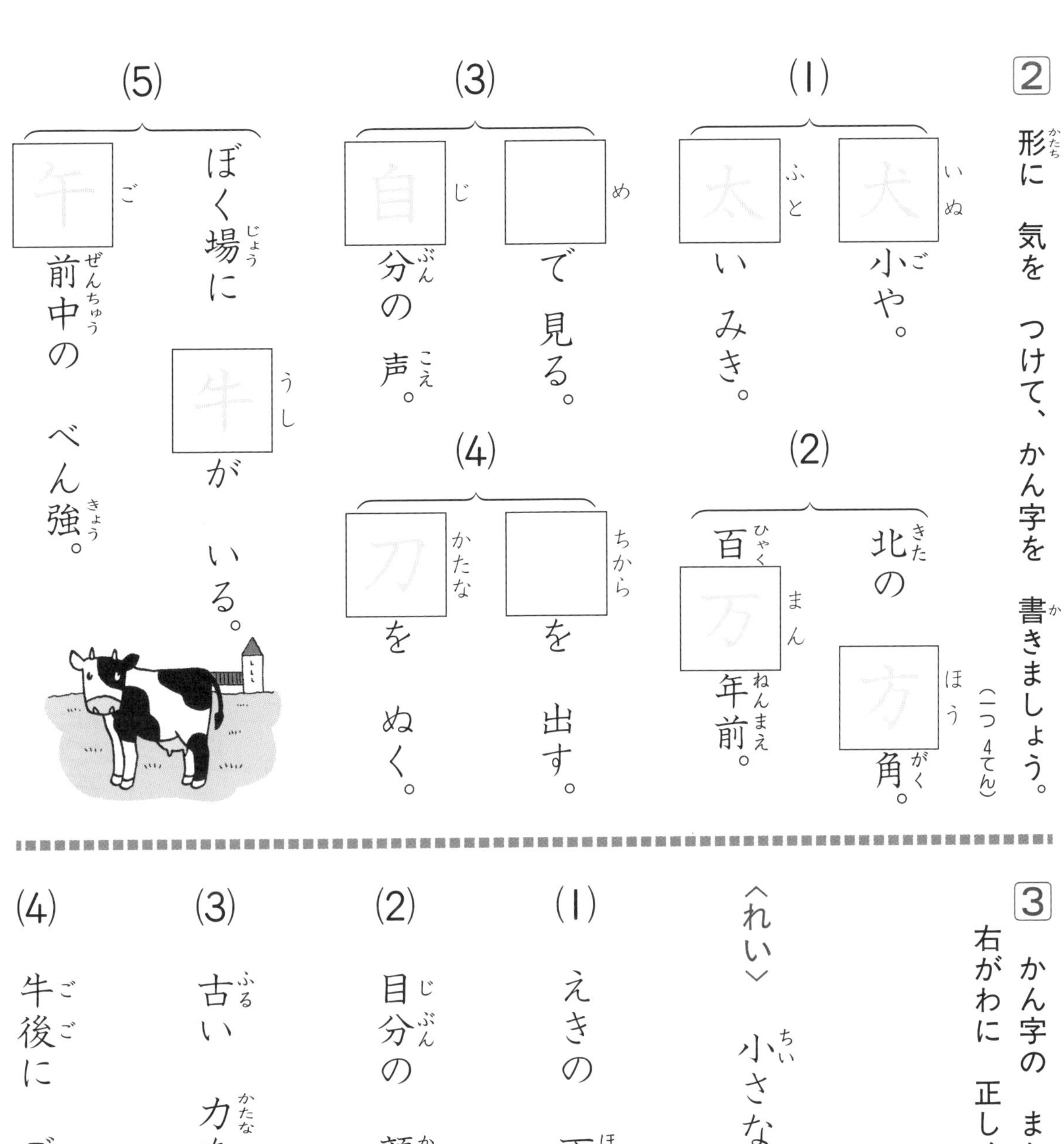

2 形に 気を つけて、かん字を 書きましょう。（一つ4てん）

(1)
- 〔犬〕小や。（いぬ）
- 〔太〕い みき。（ふと）

(2)
- 北の 〔方〕角。（ほう）
- 百 〔万〕年前。（まん）

(3)
- 〔　〕で 見る。（め）
- 〔自〕分の 声。（じ）

(4)
- 〔　〕を 出す。（ちから）
- 〔刀〕を ぬく。（かたな）

(5)
- ぼく場に 〔牛〕が いる。（うし）
- 〔午〕前中の べん強。（ご）

3 かん字の まちがいに ×を つけて、右がわに 正しく 書きましょう。（一つ10てん）

〈れい〉 小さな ~~大~~ 犬 が ほえる。

(1) えきの 万へ 歩く。

(2) 目分の 顔を あらう。

(3) 古い 力を かざる。

(4) 牛後に ごはんを 食べる。

31 形の にた かん字②

形の よく にた かん字②

30回（60ページ）の ほかにも、形が よく にた かん字が あります。

手　毛
- ・手を あらう。
- ・毛糸の セーター。

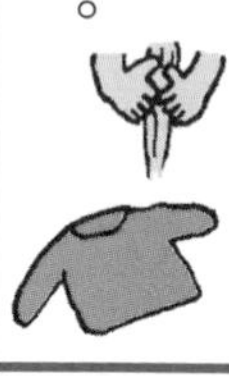

おぼえよう

母　毎
- ・母と 出かける。
- ・毎朝の あいさつ。

今　分
- ・今の 時間。
- ・五分 歩く。

地　池
- ・地めんを ほる。
- ・池の 水草。

新　親
- ・新しい かさ。
- ・父親の 会社。

門　間　聞
- ・門の 間を 通る。
- ・声が 聞こえる。

1 ―に 合う かん字を、○で かこみましょう。（一つ4てん）

(1) て｛手　毛｝で えんぴつを もつ。

(2) はは｛毎　母｝に にて いる。

(3) いま｛分　今｝と むかしの ちがい。

(4) じ｛地　池｝めんに ねころがる。

(5) あたら｛新　親｝しい くつを はく。

とくてん　　てん

2 形(かたち)に　気を　つけて、かん字を　書(か)きましょう。（一つ 5てん）

(1)
はく　手(しゅ)。
かみの　毛(け)。

(2)
母(はは)の　りょう理(り)。
毎(まい)日(にち)　歩(ある)く。

(3)
地(じ)めん。
池(いけ)の　魚(さかな)。

(4)
今(いま)から　行(い)く。
二(に)分(ふん)　まつ。

(5)
新(あたら)しい　本。
親(おや)子(こ)。

(6)
家(いえ)の　門(もん)。
足音を　聞(き)く。

3 かん字の　まちがいに　×を　つけて、右がわに　正しく　書(か)きましょう。（一つ 5てん）

〈れい〉 ~~糸~~糸(けいと)の　セーター。　毛

(1) 母朝(まいあさ)　はを　みがく。

(2) 地(いけ)の　まわりに　花(はな)が　さく。

(3) よく　にた　新子(おやこ)。

(4) 学校(がっこう)の　時聞(じかん)わり。

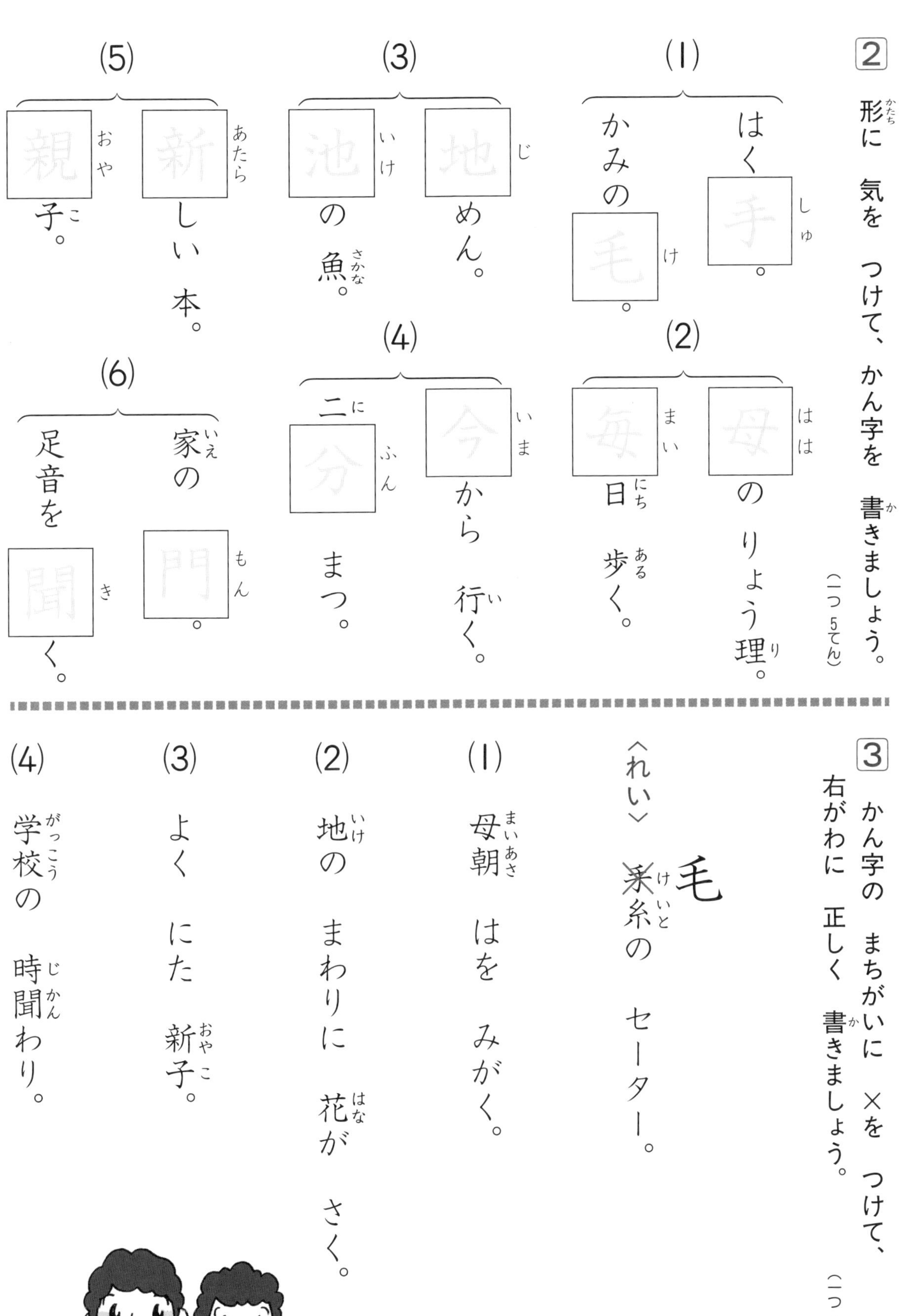

32 同じ 読み方の かん字①

同じ 読み方の かん字①

同じ 読み方を する かん字を つかい分けましょう。

えん

百円玉

遠足

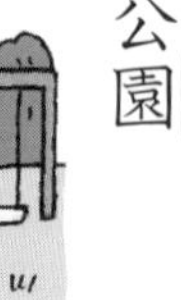

公園

おぼえよう

- か…地下・花びん・家ぞく・百科じてん・校歌
- かい…海外りょ行・会社・回数
- き…天気・汽車・日記・帰たく
- きょう…兄弟・教室・強てき・東京
- げん…人間・はつ言・元気・草原
- こう…公園・工作・日光・交通・高原・学校

1 ――に 合う かん字を、○で かこみましょう。 （一つ 2てん）

(1) 天き（気・記）。

(2) えん（遠・園）足。

(3) こう（工・公）作。

(4) か（花・下）びん。

(5) 学こう（校・高）。

(6) きょう（兄・京）弟。

(7) こう（交・光）通。

(8) かい（回・会）社。

(9) 地か（下・科）。

(10) げん（原・元）気。

とくてん　てん

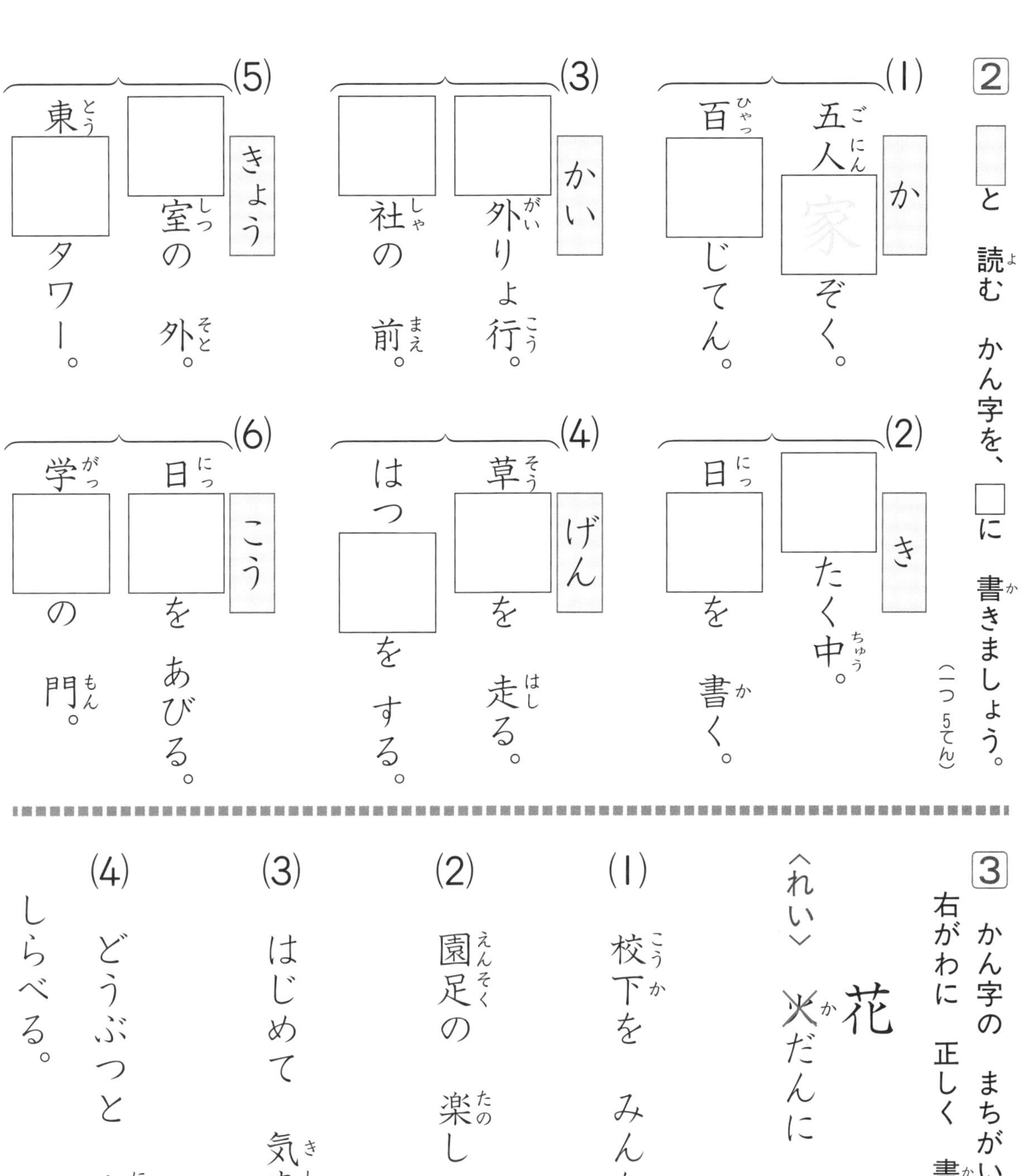

2 [　]と 読(よ)む かん字を、□に 書(か)きましょう。（一つ 5てん）

(1) か
五人(ごにん)［家］ぞく。
百(ひゃっ)［　］じてん。

(2) き
［　］たく中(ちゅう)。
日(にっ)［　］を 書(か)く。

(3) かい
［　］外(がい)りょ行(こう)。
［　］社(しゃ)の 前(まえ)。

(4) げん
草(そう)［　］を 走(はし)る。
はつ［　］を する。

(5) きょう
［　］室(しつ)の 外(そと)。
東(とう)［　］タワー。

(6) こう
日(にっ)［　］を あびる。
学(がっ)［　］の 門(もん)。

3 かん字の まちがいに ×を つけて、右がわに 正しく 書(か)きましょう。（一つ 5てん）

〈れい〉 火(か)（×）花 だんに 水(みず)を まく。

(1) 校下(こうか)を みんなで うたう。

(2) 園足(えんそく)の 楽(たの)しい 思(おも)い出(で)を 話(はな)す。

(3) はじめて 気車(きしゃ)に のる。

(4) どうぶつと 人原(にんげん)の ちがいを しらべる。

33

同じ 読み方の かん字②

同じ 読み方の かん字②

32回（64ページ）の ほかにも、同じ 読み方を する かん字が あります。

ご

五月

午前

前後

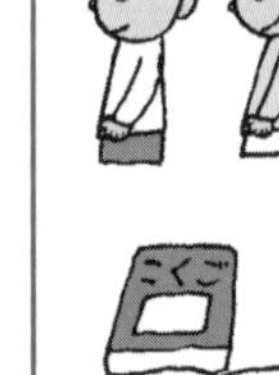

国語

おぼえよう

- じ…数字・自分・時間・地めん
- しん…森林・親切・中心・新はつ売
- とう…東京・木刀・答あん・当番・冬みん
- あ(う)…人に 会う。答えが 合う。
- あ(ける)…夜が 明ける。家を 空ける。
- や…弓矢・一けん家

1 ―に 合う かん字を、○で かこみましょう。（一つ 2てん）

(1) ご｛午・後｝前。

(2) 数じ｛地・字｝。

(3) じ｛時・自｝間。

(4) しん｛森・新｝年。

(5) ご｛語・五｝月。

(6) 木とう｛刀・頭｝。

(7) 弓や｛矢・家｝。

(8) とう｛当・東｝番。

(9) 中しん｛親・心｝。

(10) とう｛冬・当｝みん。

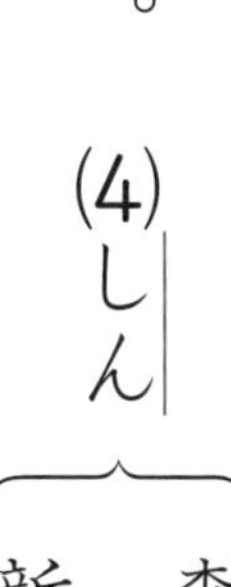

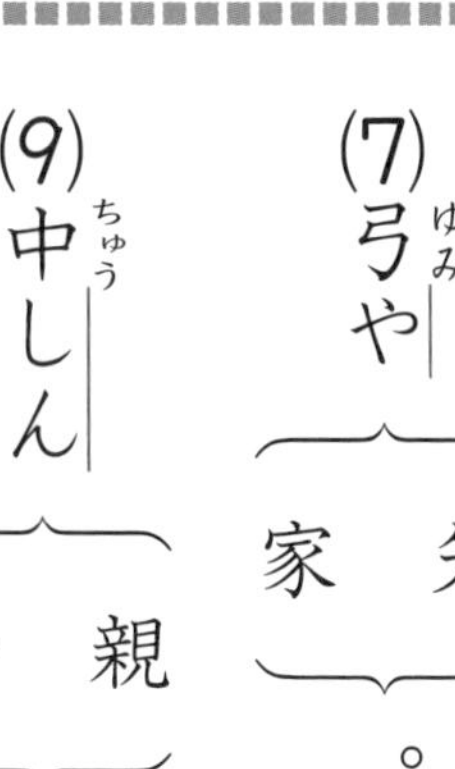

とくてん

てん

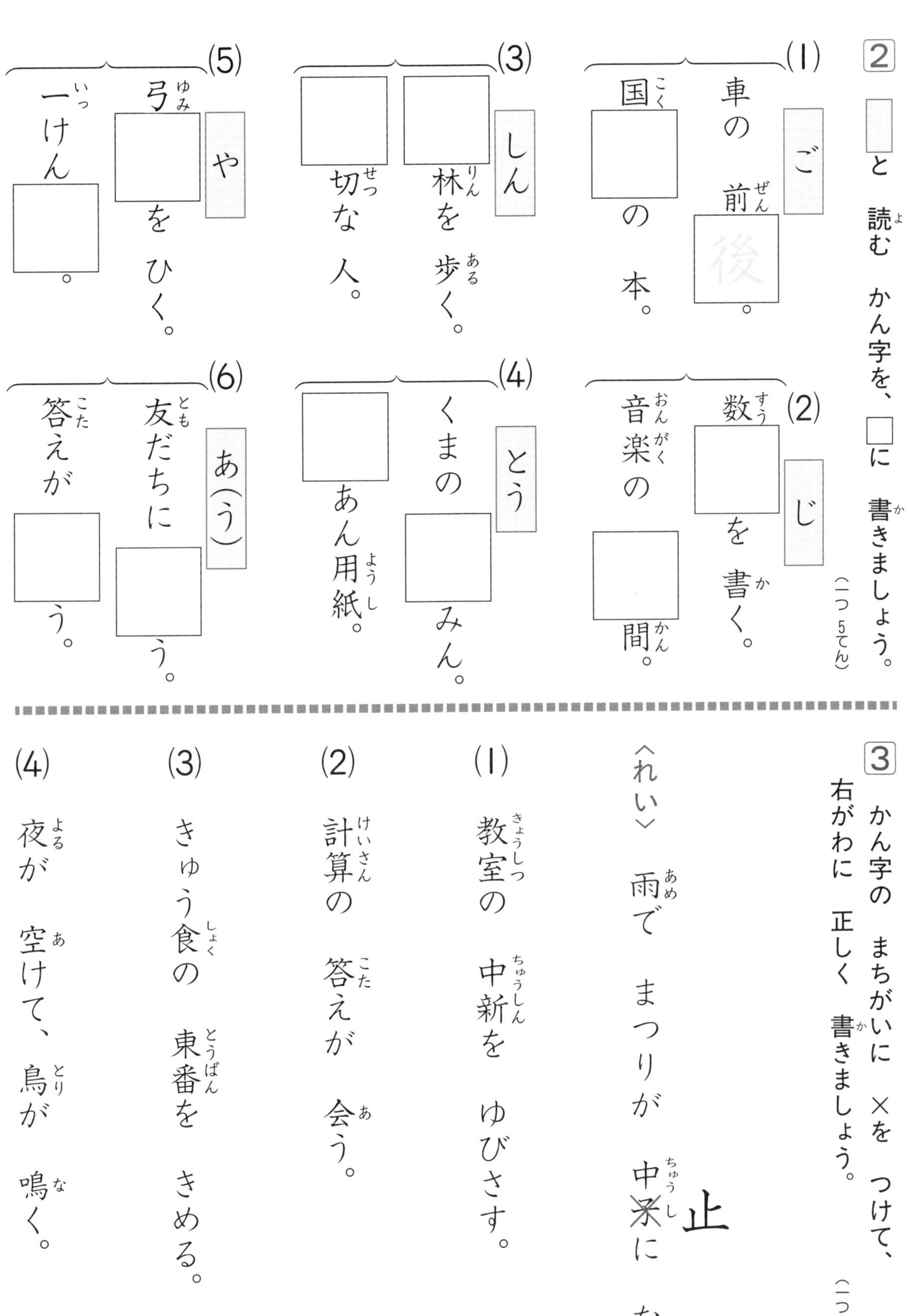

2 □と読むかん字を、□に書きましょう。（一つ5てん）

(1) ご
車の前後。
国□の本。

(2) じ
数□を書く。
音楽の□間。

(3) しん
□林を歩く。
□切な人。

(4) とう
くまの□みん。
□あん用紙。

(5) や
弓□をひく。
一けん□。

(6) あ(う)
友だちに□う。
答えが□う。

3 かん字のまちがいに×をつけて、右がわに正しく書きましょう。（一つ5てん）

〈れい〉雨でまつりが中糸になる。　止

(1) 教室の中新をゆびさす。

(2) 計算の答えが会う。

(3) きゅう食の東番をきめる。

(4) 夜が空けて、鳥が鳴く。

34 ふくしゅうドリル⑥

1 形に 気を つけて、かん字を 書きましょう。（一つ 3てん）

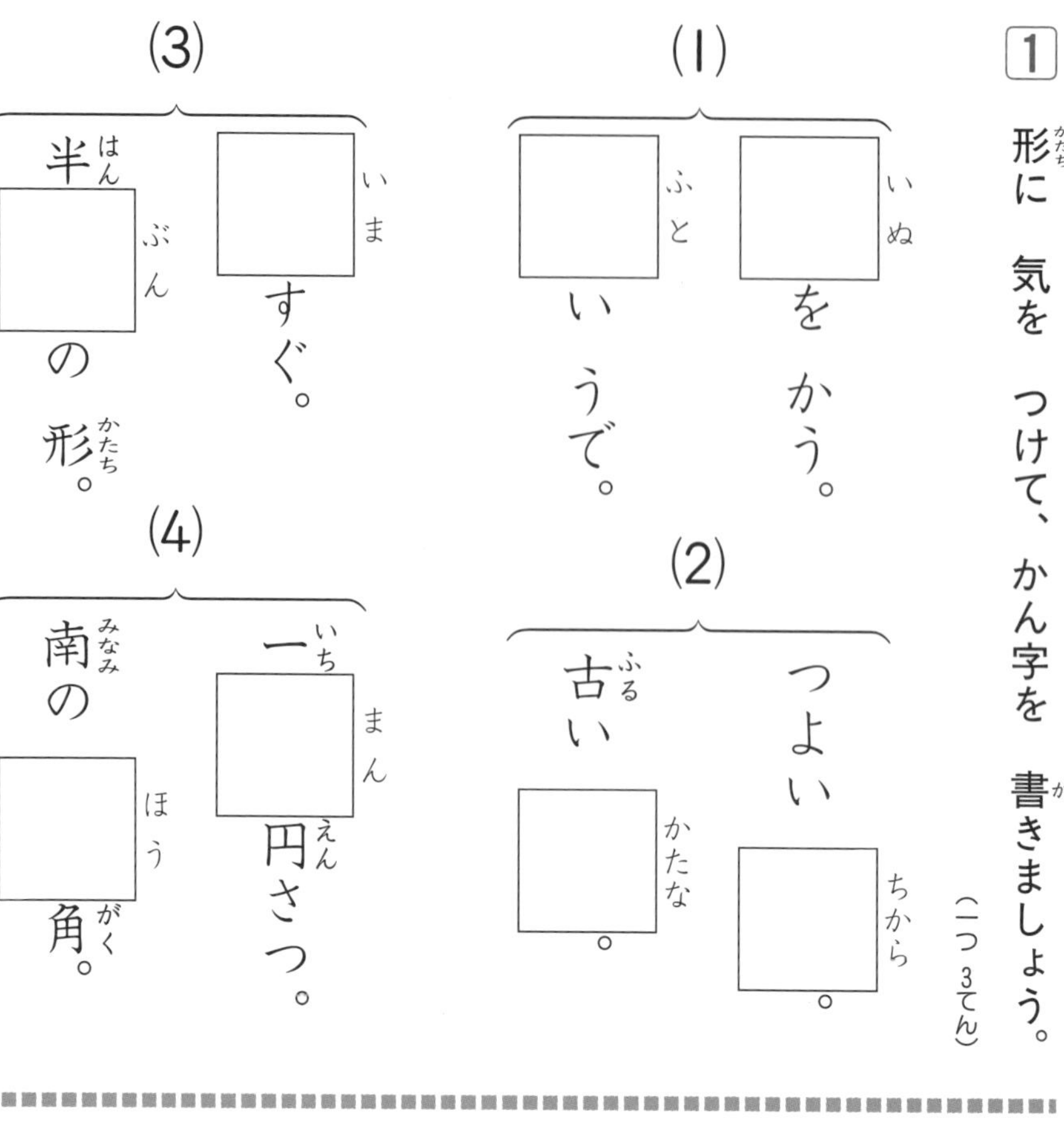

(1)
□（いぬ）を かう。
□（ふと）いうで。

(2)
つよい □（ちから）。
古い □（かたな）。

(3)
□（いま）すぐ。
半□（ぶん）の 形。

(4)
一□（まん）円さつ。
南の □（ほう）角。

2 □と 読む かん字を、□に 書きましょう。（一つ 3てん）

(1) き
□車に のる。
絵日□。

(2) きょう
東□タワー。
三人□弟。

(3) えん
近くの 公□。
□足の 日。

(4) こう
りよ□する。
図画□作。

(5) とう
□あん用紙。
そうじ□番。

(6) しん
□はつ売。
□切な 人。

とくてん
てん

3 かん字の まちがいに ×を つけて、右がわに 正しく 書(か)きましょう。（一つ 4てん）

〈れい〉小(ちい)さな ~~大~~(いぬ)犬が ほえる。

(1) 毎(はは)が りょう理(り)を 作(つく)る。

(2) ぼく場(じょう)で 午(うし)の 親子(おやこ)を 見(み)た。

(3) 地(いけ)に すむ 魚(さかな)や 虫(むし)を しらべる。

(4) 家(いえ)の 外(そと)から 足音(あしおと)が 間(き)こえる。

(5) 親(あたら)しい 本(ほん)を 買(か)って もらう。

---

4 かん字の まちがいに ×を つけて、右がわに 正しく 書(か)きましょう。（一つ 4てん）

〈れい〉~~火~~(か)花だんに 水(みず)を まく。

(1) 父(ちち)の 回社(かいしゃ)の 前(まえ)に いる。

(2) 電車(でんしゃ)の せきを 明(あ)ける。

(3) 道(みち)で 新切(しんせつ)な 人(ひと)に 会(あ)う。

(4) 地分(じぶん)で 遠足(えんそく)の 用(よう)いを する。

(5) 計算(けいさん)の 答(こた)えが ぴったり 会(あ)う。

35 かなづかい①

「は・を・へ」の つかい方(かた)

声(こえ)に 出して 読(よ)む ときは、「ワ・オ・エ」と 読(よ)み、書(か)く ときには 「は・を・へ」と 書(か)く ことが あります。

わたしわ→は 公園(こうえん)え→へ 行(い)った。
ベンチで おにぎりお→を 食(た)べた。

「は・を・へ」を、「わ・お・え」と 書(か)かないように、気を つけましょう。

おぼえよう

は
・わたしは 二年生です。
・ぼくは、サッカーが すきです。

を
・パンを 食(た)べる。
・ノートを 買(か)う。

へ
・公園(こうえん)へ 行(い)った。
・学校(がっこう)へ 行(い)く 道(みち)。

1 ——が 正しい ほうに、○を つけましょう。（一つ 5てん）

(1)
( )ぼくは 二年生です。
( )ぼくわ 二年生です。

(2)
( )さるが バナナお 食(た)べる。
( )さるが バナナを 食(た)べる。

(3)
( )近(ちか)くの 店(みせ)へ 行(い)く。
( )近(ちか)くの 店(みせ)え 行(い)く。

(4)
( )わたしわ、本が すきです。
( )わたしは、本が すきです。

とくてん　　てん

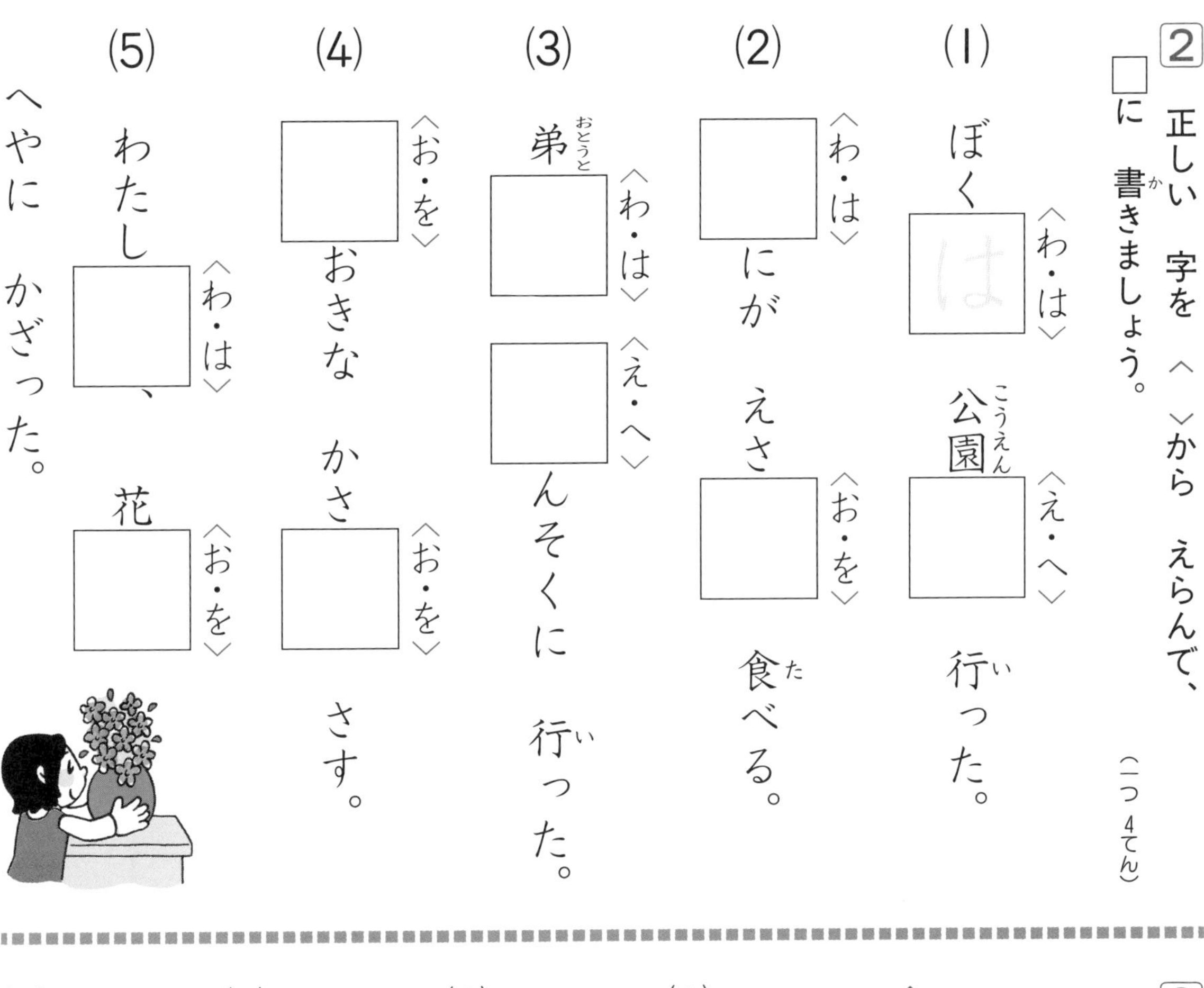

2 正しい 字を〈 〉から えらんで、□に 書きましょう。（一つ4てん）

(1) ぼく［は］〈わ・は〉 公園□〈え・へ〉 行った。

(2) □〈わ・は〉にが えさ□〈お・を〉 食べる。

(3) 弟□〈わ・は〉 □〈え・へ〉んそくに 行った。

(4) □〈お・を〉おきな かさ□〈お・を〉 さす。

(5) わたし□〈わ・は〉、花□〈お・を〉 へやに かざった。

3 ひらがなの まちがいに ×を つけて、右がわに 正しい 字を 書きましょう。（一つ5てん）

〈れい〉 きのう ~~わ~~（は） 晴れた。

(1) ぼくわ ボールお けった。

(2) きょうわ プールえ 行った。

(3) わたしわ、ノートに 字お 書いた。

(4) 母と 姉わ、デパートえ 行った。

36 かなづかい②

まちがえやすい　かなづかい

ひらがなで　ことばを　書く　ときの、正しい　つかい方を「かなづかい」と　いいます。

おとうさんは、おおきい。

声に　出して　読む　ときには、同じ　音に　なりますが、書く　ときには　かわります。

おぼえよう

- う…どうろ・おとうさん
- お…こおり・おおきい
- じ…そうじ・じゅうえん
- ぢ…はなぢ・ちぢむ
- ず…ずこう・すずめ
- づ…かんづめ・つづく

1 ―の　かなづかいが　正しい　ことばを、○で　かこみましょう。（一つ　2てん）

(1) 
どうろ（○）
どおろ

(2) 
かんずめ
かんづめ

(3) 
こうり
こおり

(4)
じゅうえん
ぢゅうえん

(5) 
すずめ
すづめ

(6)
おとうさん
おとおさん

(7) 
ちじむ
ちぢむ

(8) 
おうかみ
おおかみ

とくてん　　てん

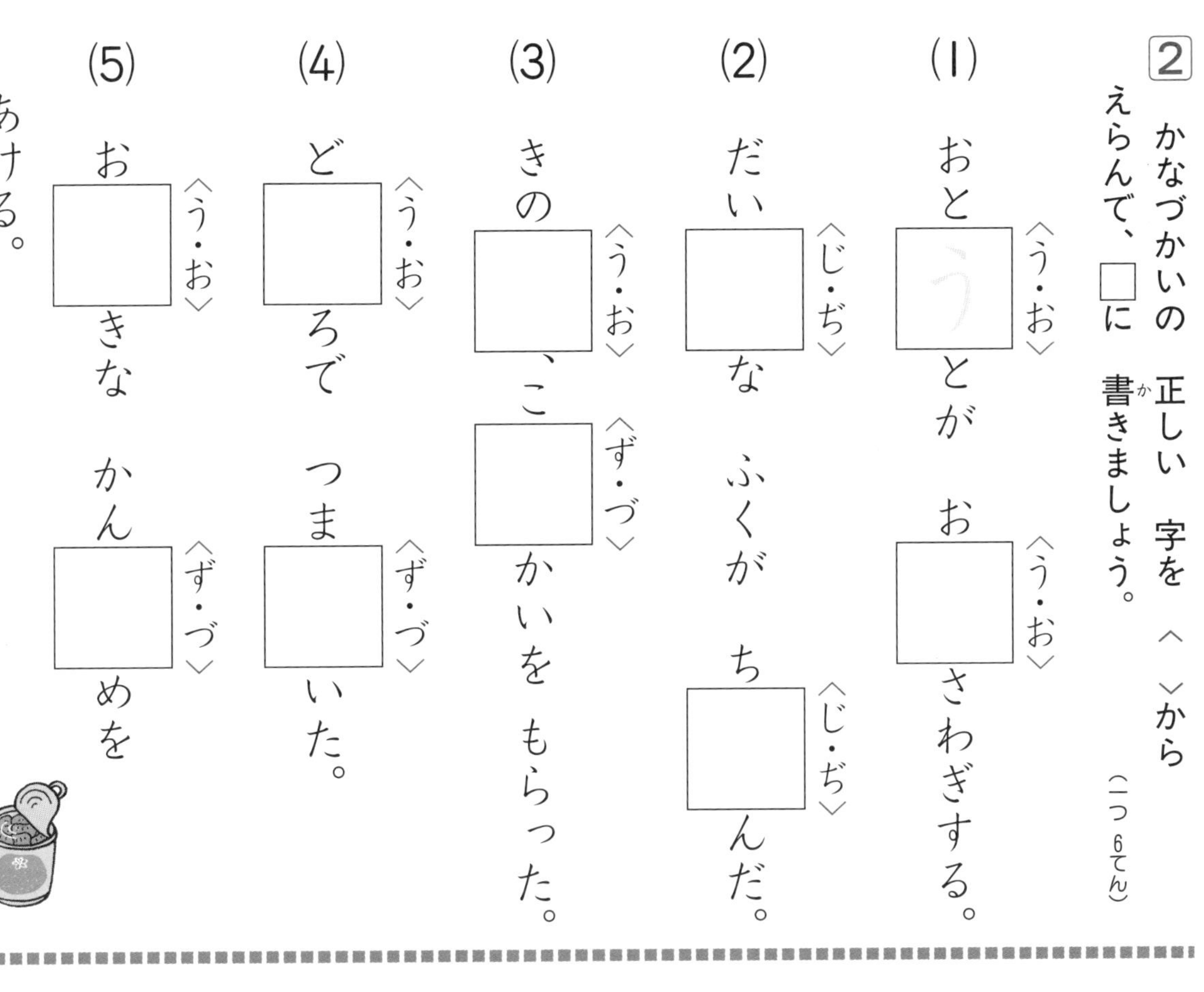

2 かなづかいの 正しい 字を 〈 〉から えらんで、□に 書きましょう。（一つ6てん）

(1) おと□〈う・お〉とが お□〈う・お〉さわぎする。

(2) だい□〈じ・ぢ〉な ふくが ち□〈じ・ぢ〉んだ。

(3) きの□〈う・お〉、こ□〈ず・づ〉かいを もらった。

(4) ど□〈う・お〉ろで つま□〈ず・づ〉いた。

(5) お□〈う・お〉きな かん□〈ず・づ〉めを あける。

3 かなづかいの まちがいに ×を つけて、右がわに 正しい 字を 書きましょう。（一つ3てん）

〈れい〉 す~~づ~~（ず）めが 鳴く。

(1) ぢめんで こうろぎが 鳴く。

(2) おとおとの セーターが ちじんだ。

(3) ぼくは、おうきく うなづいた。

(4) おとおさんから こずかいを もらう。

37 丸（。）、点（、）、かぎ（「 」）の つかい方①

とくてん　　てん

丸（。）と 点（、）を つける ところ

文を 書く とき、丸（。）と 点（、）の つかい方に 気を つけましょう。

①丸（。）は、文の おわりに つけます。

ぼくは 学校に 行った。
ぼくは 家に 帰った。

②点（、）は、文の 中の いみの 切れめに つけます。

春に なると、花が さいた。

よんで みよう

- 犬が、ワンワン ほえて いる。
- きのう、ケーキを 食べた。

1 丸（。）、点（、）の つかい方が 正しい ほうに、○を つけましょう。（一つ5てん）

(1)
（　）ぼくは 公園に 行った、
（○）ぼくは 公園に 行った。

(2)
（　）きのう、プールで およいだ。
（　）きのう。プールで およいだ、

(3)
（　）あつくて。シャツを ぬいだ、
（　）あつくて、シャツを ぬいだ。

(4)
（　）からすが、カーカー 鳴いて いる。
（　）からすが。カーカー、鳴いて いる、

2 □に、丸(。)か 点(、)を 書きましょう。(一つ 4てん)

(1) 犬が□ワンワン ほえて いる□

(2) 春に なって□花が さいた□

(3) きのう□ケーキを 食べた□

(4) 魚が□すいすい およいで いる□

(5) 角を まがると□

公園が あります□

(6) きょう□おかあさんと

買いものに 行きました□

(7) グラウンドに 行くと□

水が まいて ありました□

3 つぎの 文で、点(、)を つけた ほうが よい ほうの □に、点(、)を 書きましょう。(一つ 4てん)

(1) こいが□ゆっくり□およいで いる。

(2) きのう□雨が□ふりました。

(3) 学校に つくと□

雨が□ふって きた。

(4) ぼくは□大声で□

本を 読んだ。

(5) きょう□友だちと□プールに 行く。

(6) 大声を 出したので□

のどが□いたく なった。

38 丸（。）、点（、）、かぎ（「　」）の　つかい方②

とくてん　　てん

かぎ（「　」）を　つける　ところ

人が　話した　ことばには、かぎ（「　」）を　つけます。

わたしは、

「おはよう。」

と言った。

人が　話した　ことばは、行を　かえて　書きます。

よんで　みよう

・おばさんが、
「こんにちは。」
と　言った。

・「つかれたな。」
と、おとうさんが　言った。

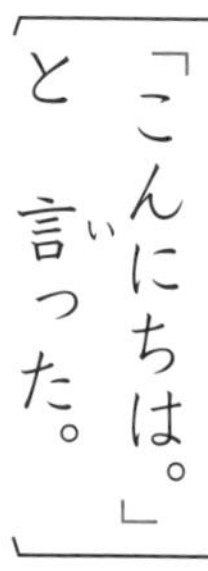

1　かぎ（「　」）の　つかい方が　正しい　ほうに、○を　つけましょう。（一つ　5てん）

(1)

（○）ぼくは、

「早く　行こう。」

と　言った。

（　）ぼくは、
早く　行こう。
と　「言った。」

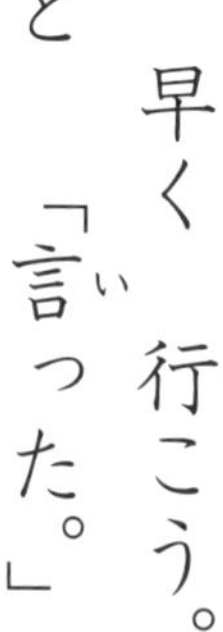

(2)

（　）」いただきます。「
と、弟が　言った。

（　）「いただきます。」

と、弟が　言った。

2 □に、点（てん）（、）か かぎ（「 」）を 書（か）きましょう。（一つ 5てん）

(1)

わたしは□

□行（い）って きます。□

と 言（い）った。

(2)

□ただいま。□

と□弟（おとうと）が 言（い）った。

(3)

妹（いもうと）は□

□いただきます。□

と 言（い）って□ケーキを

食（た）べた。

3 つぎの 文に、かぎ（「 」）を ひと組（くみ）ずつ 書（か）きましょう。（一くみ 10てん）

(1)

かおりさんが、

おはよう。

と 言（い）いました。

(2)

たかしくんが、

あそびに 行（い）こう。

と 言（い）った。

(3)

おやすみ。

と、妹（いもうと）が 言（い）った。

(4)

あっ、とんぼだ。

と、さとるくんが

大声（おおごえ）を 出した。

39 丸（。）、点（、）、かぎ（「　」）の つかい方③

とくてん
てん

点（、）に よって いみが ちがう

点（、）を つける ところが ちがうと、文の いみも ちがって しまう ことが あります。

Ⓐここでは、きものを ぬぐ。

Ⓘここで、はきものを ぬぐ。

→Ⓐでは、「きもの」を、Ⓘでは 「はきもの」を ぬぎます。

よんで みよう

- きみは、しって いるか。（知る）
  きみ、はしって いるか。（走る）
- わたし、ねころんだの。（ねころぶ）
  わたしね、ころんだの。（ころぶ）

1 つぎの 〈 〉の いみに 合う 文に、○を つけましょう。（一つ 5てん）

(1) 〈ころぶ〉
（　）わたし、ねころんだの。
（○）わたしね、ころんだの。

(2) 〈はいしゃに なる〉
（　）わたし、はいしゃに なりたい。
（　）わたしは、いしゃに なりたい。

(3) 〈きものを 買う〉
（　）ここで、はきものを 買う。
（　）ここでは、きものを 買う。

2 〈 〉の いみに なるように、点(、)を 書きましょう。 （一つ9てん）

(1) 〈はしる〉

「ぼくはしっている。」

(2) 〈ねころぶ〉

「ぼくねころんだの。」

(3) 〈いる〉

「わたしはいるよ。」

(4) 〈ブラシを つかう〉

「わたしはブラシをつかう。」

(5) 〈いしゃに なる〉

「わたしはいしゃになりたい。」

3 つぎの 文を、〈 〉の いみに なるように、点(、)を 一つずつ つけて、文を 書きましょう。 （一つ10てん）

(1) ここではブラシを買う。

① 〈ブラシを 買う〉

（　　　　）

② 〈はブラシを 買う〉

（　　　　）

(2) ぼくはいしゃになりたい。

① 〈はいしゃに なる〉

（　　　　）

② 〈いしゃに なる〉

（　　　　）

40 丸（。）、点（、）、かぎ（「 」）の つかい方④

原こう用紙の 書き方

原こう用紙に 文しょうを 書く とき、つぎの ことに 気を つけましょう。

一ます あけて 書きはじめる。

丸（。）と かぎ（」）は、一つの ますに 入れる。

人が 話した ことばには、かぎ（「 」）を つけて、行を かえて 書く。

1 原こう用紙の 書き方が 正しい ものを 一つ えらんで、〇を つけましょう。（20てん）

ア（　　）
「おやすみ。」と言
った。

イ（　　）
「おやすみ。
」
と言った。

ウ（　　）
「おやすみ。」
と言った。

とくてん　　てん

2 つぎの〔 〕の 文しょうに、かぎ（「 」）を
ひと組（くみ） つけて、左の □ に 書（か）きましょう。

（ぜんぶ かけて 一つ 20てん）

(1)

〔あきらが、
ボール、とって。
とさけんだ。〕

（一ます あける）あきらが、

(2)

〔早く行こう。
と、弟が言った。〕

3 つぎの〔 〕の 文しょうに、かぎ（「 」）を
ふた組（くみ） つけて、左の □ に 書（か）きましょう。

（ぜんぶ かけて 40てん）

〔妹が、
あそぼう。
と言った。ぼくは、
公園に行こうか。
と言った。
妹は、わらった。〕

（一ます あける）妹が、

41 ふくしゅうドリル⑦

1 かなづかいの 正しい 字を 〈 〉から えらんで、□に 書きましょう。（一つ 3てん）

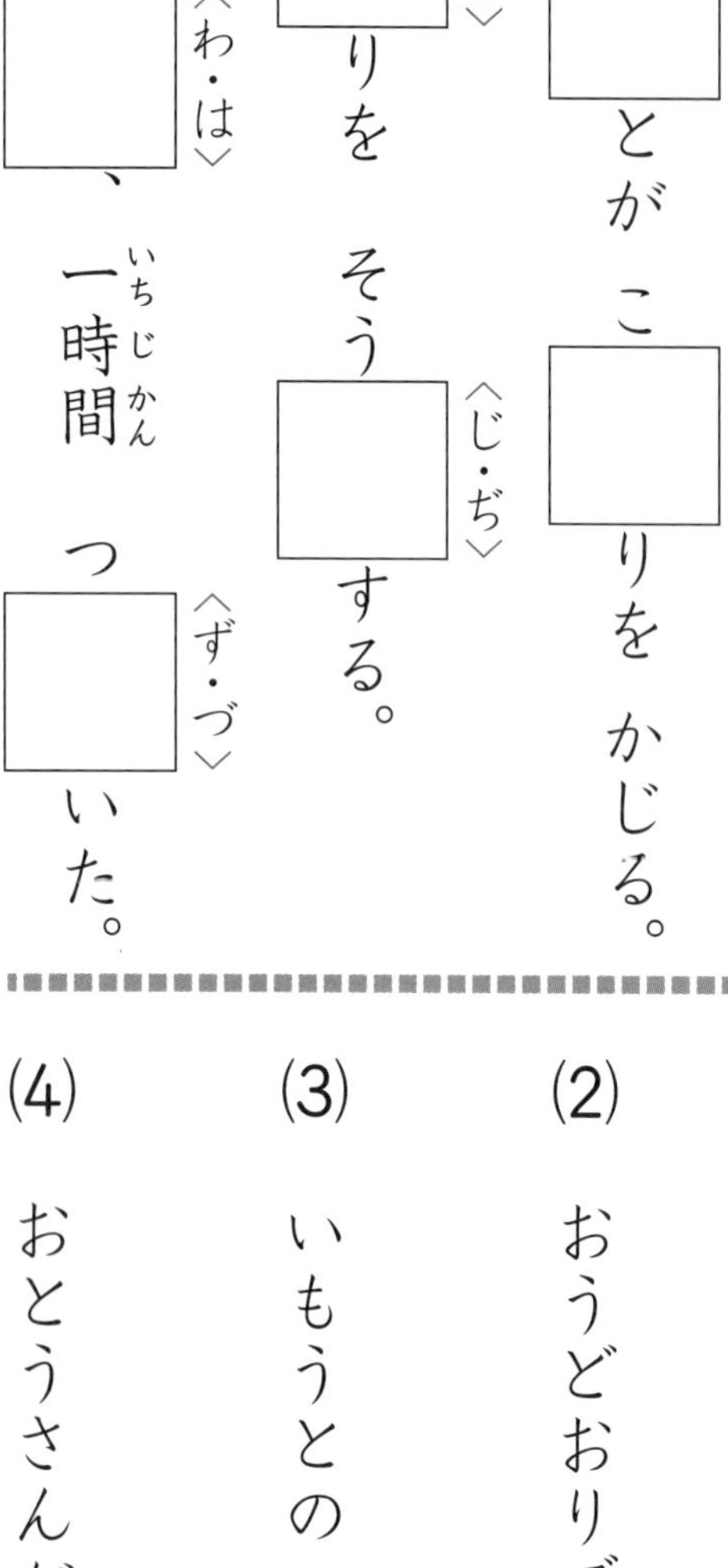

(1) □〈わ・は〉しが えさ□〈お・を〉食べる。

(2) きの□〈う・お〉、公園□〈え・へ〉行った。

(3) おと□〈う・お〉とが こ□〈う・お〉りを かじる。

(4) と□〈う・お〉りを そう□〈じ・ぢ〉する。

(5) しあい□〈わ・は〉、一時間 つ□〈ず・づ〉いた。

2 かなづかいの まちがいに ×を つけて、右がわに 正しい 字を 書きましょう。（一つ 5てん）

〈れい〉ぼくは、ボールお（を） なげた。

(1) わたしは、バスで えきえ 行った。

(2) おうどおりで こうじが おわった。

(3) いもうとの セーターが ちじんだ。

(4) おとうさんが かんずめを あけた。

とくてん　　てん

3 〈　〉の　いみに　なるように、点(、)を書きましょう。（一つ　6てん）

(1)〈はいる〉

わたしはいるよ。

(2)〈ころぶ〉

まさおはねころんだよ。

(3)〈はきものをぬぐ〉

そこではきものをぬいだ。

(4)〈ブラシを買う〉

母はブラシを買った。

(5)〈はいしゃになる〉

ぼくはいしゃになりたい。

4 つぎの　　の　文しょうに、かぎ(「　」)を　ふた組　つけて、左の□に　書きましょう。（ぜんぶ　かけて　20てん）

たけしが、
まけないぞ。
と言った。
ぼくは、
しょうぶだ。
と言った。

（一ます　あける。）

42 文の 組み立て①

「何が(は)」「だれが(は)」の ことば

文の 中には、「何が」「だれが」に あたる ことばが あります。

何が　犬が ← 犬が 走る。

だれが　ぼくが ← ぼくが 走る。

「犬が」は 「何が」、「ぼくが」は 「だれが」に あたる ことばです。

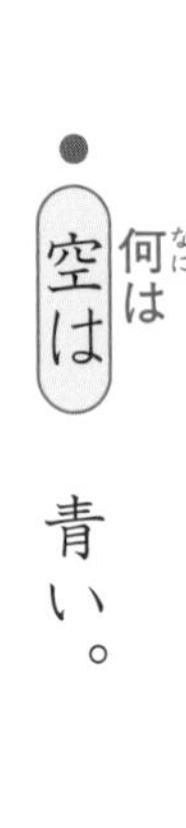

よんでみよう

- 何が　花が さく。
- 何は　空は 青い。
- だれは　わたしは 二年生です。

1 絵に 合う ことばを、〇で かこみましょう。（一つ 4てん）

(1)

{ 花が / 木が } さく。

(2)

{ 虫は / はとは } 鳥だ。

(3)

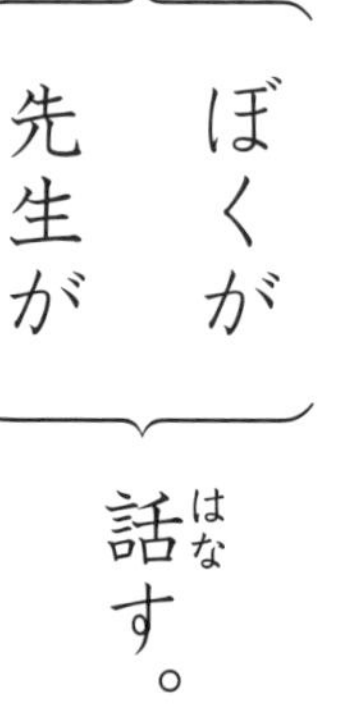

{ ぼくが / 先生が } 話す。

(4)

{ 弟は / わたしは } 二年生です。

とくてん　てん

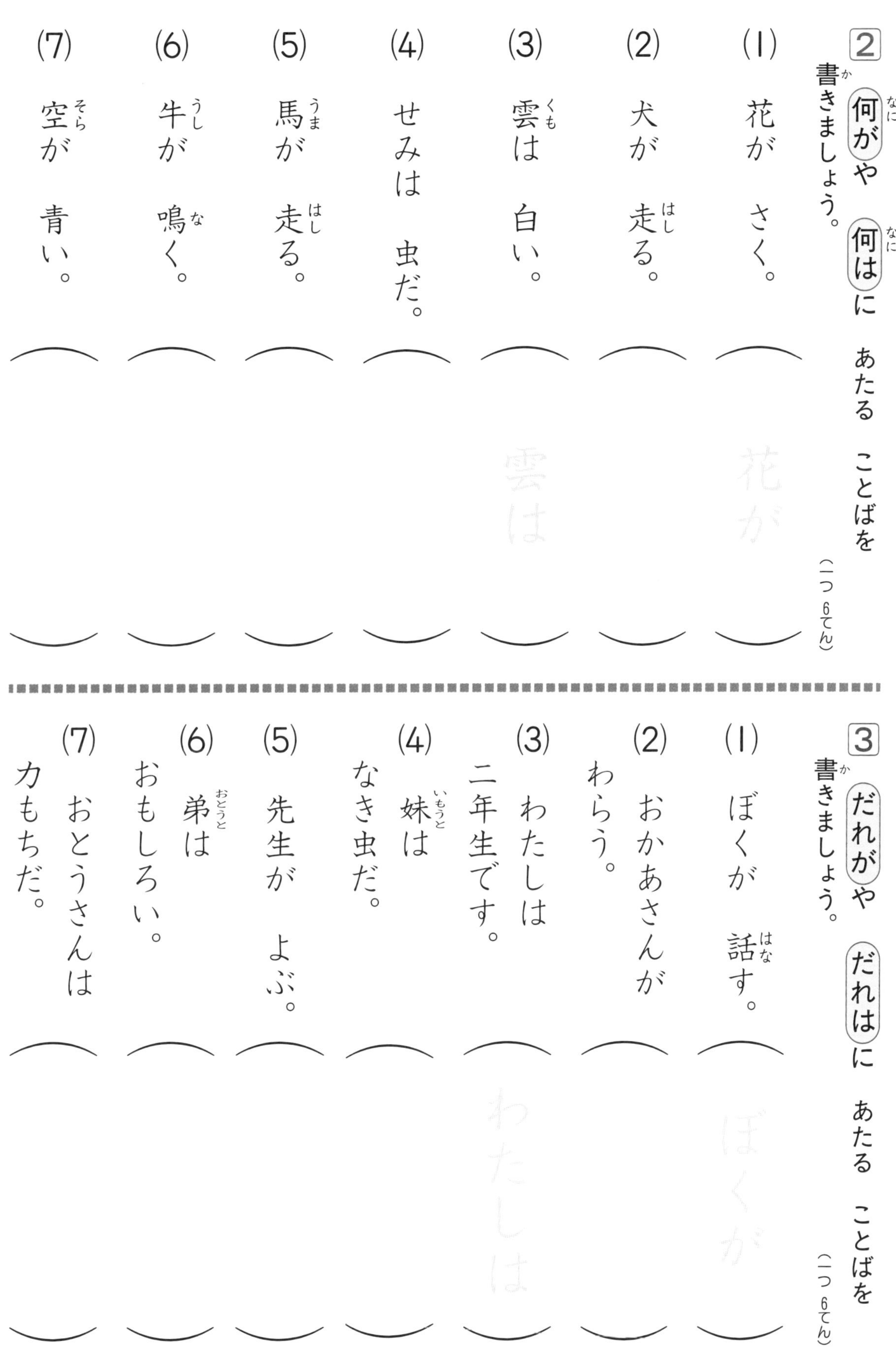

2 何(なに)がや 何(なに)はに あたる ことばを 書(か)きましょう。（一つ 6てん）

(1) 花が さく。 （花が）

(2) 犬が 走(はし)る。

(3) 雲(くも)は 白い。 （雲は）

(4) せみは 虫だ。

(5) 馬(うま)が 走(はし)る。

(6) 牛(うし)が 鳴(な)く。

(7) 空(そら)が 青い。

3 だれがや だれはに あたる ことばを 書(か)きましょう。（一つ 6てん）

(1) ぼくが 話(はな)す。 （ぼくが）

(2) おかあさんが わらう。

(3) わたしは 二年生です。 （わたしは）

(4) 妹(いもうと)は なき虫だ。

(5) 先生が よぶ。

(6) 弟(おとうと)は おもしろい。

(7) おとうさんは 力もちだ。

43 文の 組み立て②

「どうする（どうした）」の ことば

文の 中には、「どうする（どうした）」に あたる ことばが あります。

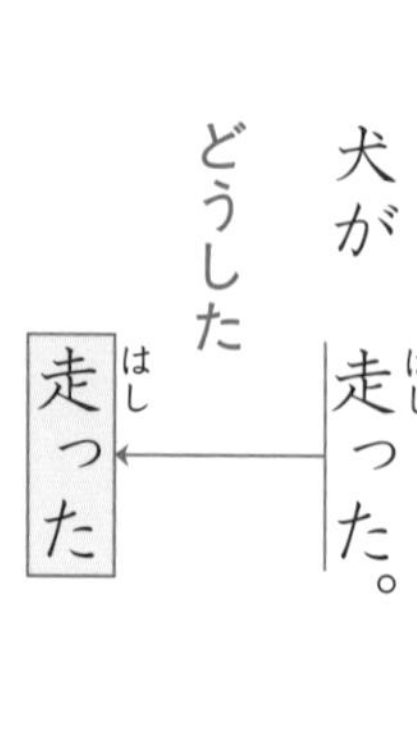

「走る」「走った」は、「どうする（どうした）」に あたる ことばです。

よんでみよう

- 花が さく。（どうする）
- 虫が とぶ。（どうする）
- 弟が わらう。（どうする）
- 妹が なく。（どうする）

- 花が さいた。（どうした）
- 虫が とんだ。（どうした）
- 弟が わらった。（どうした）
- 妹が ないた。（どうした）

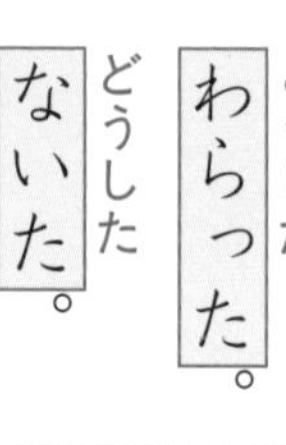

1 絵に 合う ことばを、○で かこみましょう。（一つ 4てん）

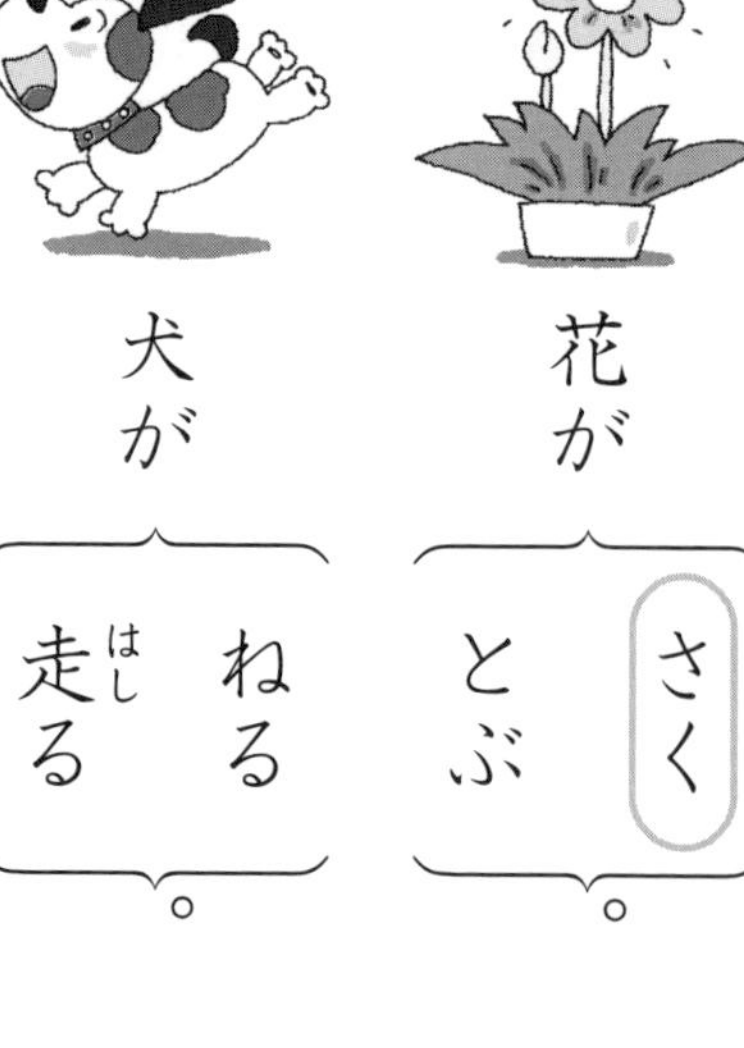

(1) 花が ｛さく／とぶ｝。

(2) 犬が ｛ねる／走る｝。

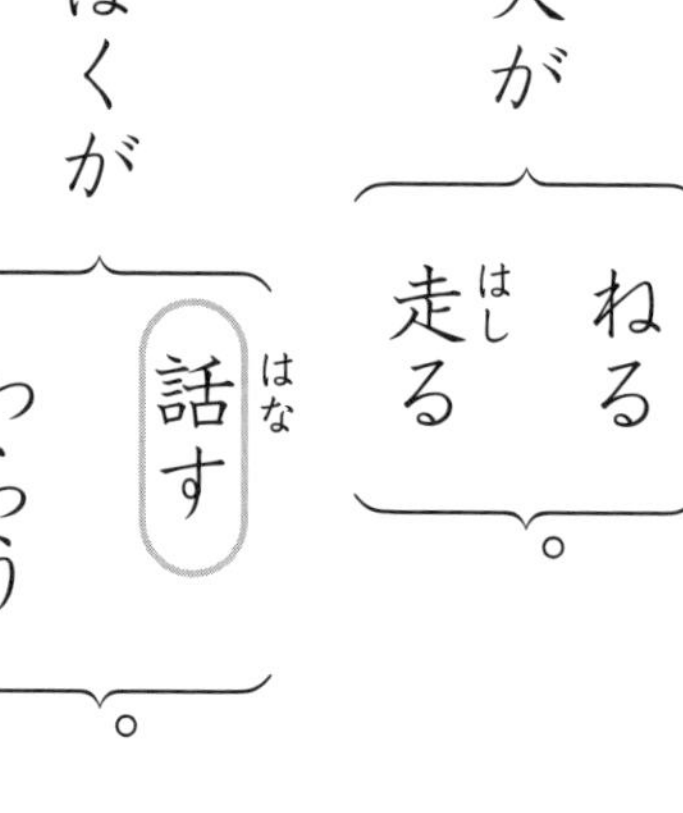

(3) ぼくが ｛話す／わらう｝。

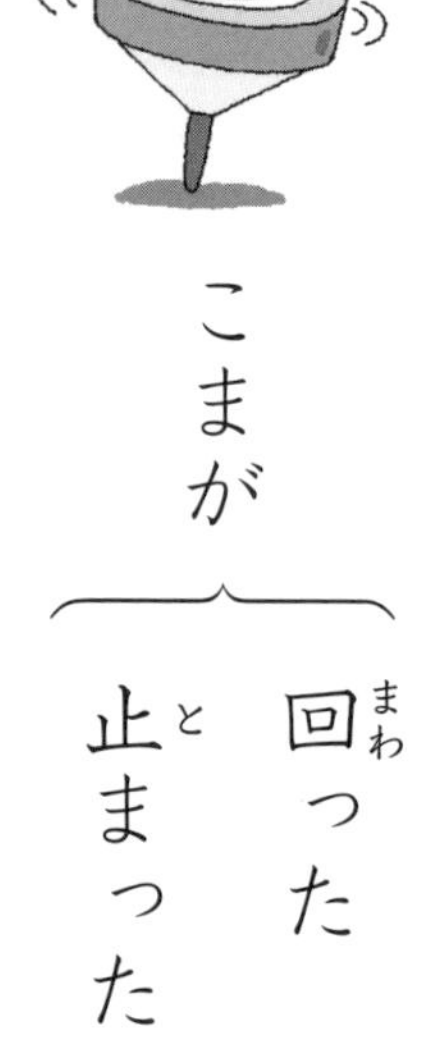

(4) こまが ｛回った／止まった｝。

2 どうする どうしたに あたる ことばに、――を 引(ひ)きましょう。（一つ 6てん）

(1) 犬が ほえる。

(2) 弟(おとうと)が 歌(うた)う。

(3) すずめが なく。

(4) コップが われた。

(5) ボールが とんだ。

(6) おかあさんが ケーキを やいた。

(7) おとうさんが お茶(ちゃ)を のんだ。

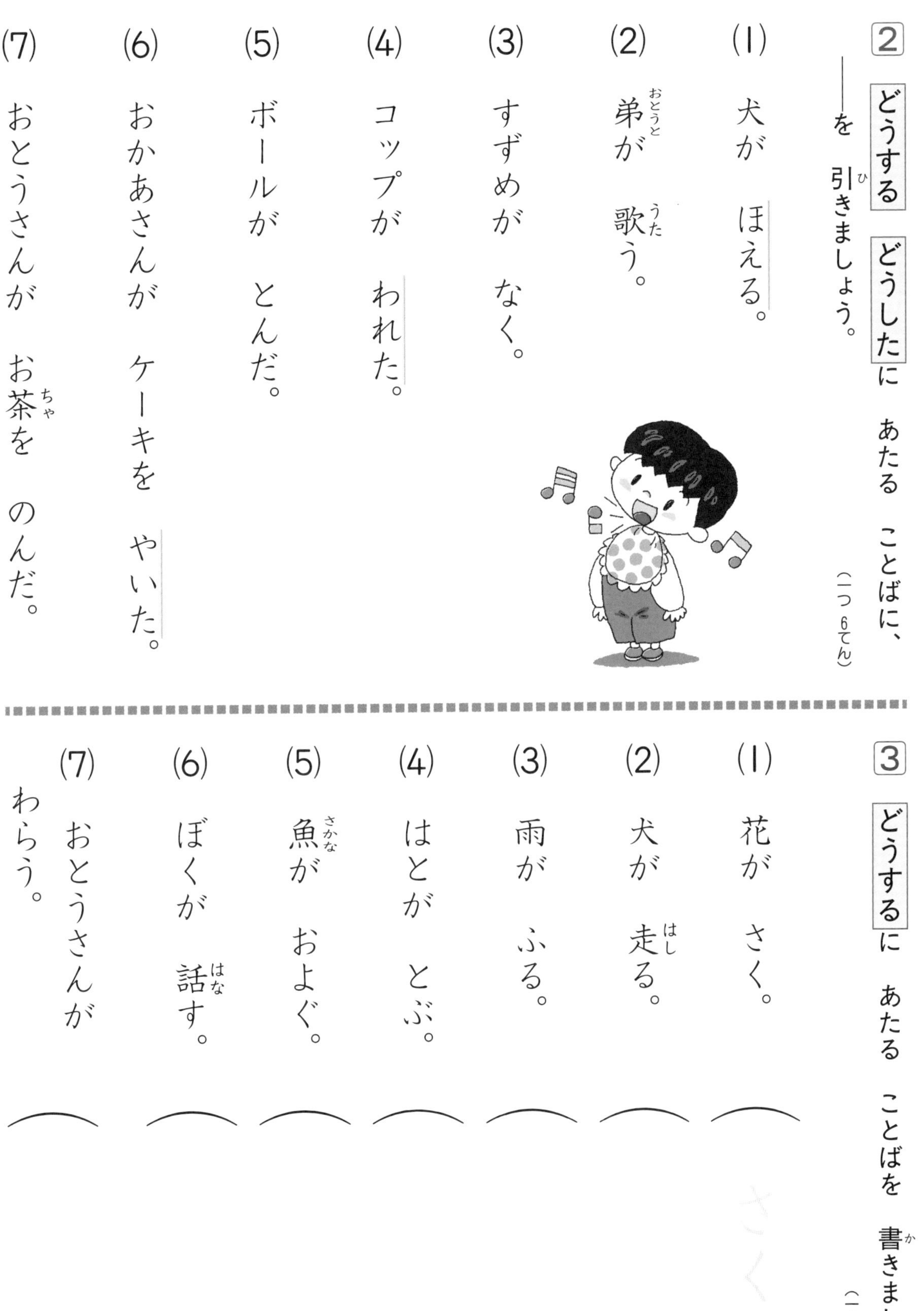

3 どうするに あたる ことばを 書(か)きましょう。（一つ 6てん）

(1) 花が さく。（さく）

(2) 犬が 走(はし)る。（　）

(3) 雨が ふる。（　）

(4) はとが とぶ。（　）

(5) 魚(さかな)が およぐ。（　）

(6) ぼくが 話(はな)す。（　）

(7) おとうさんが わらう。（　）

44 文の 組み立て③

「どんなだ」「何だ」の ことば

文の 中には、「どんなだ」「何だ」に あたる ことばが あります。

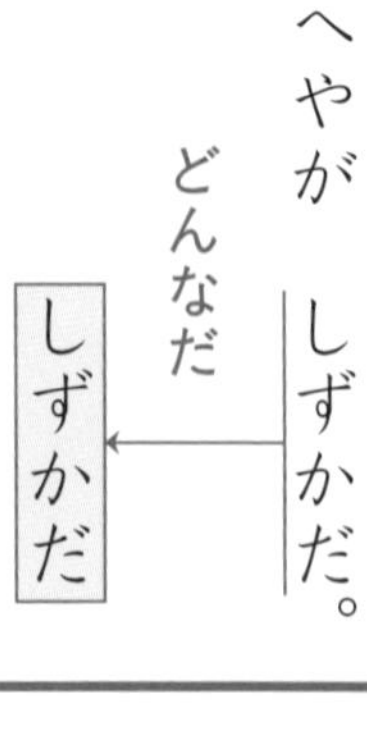

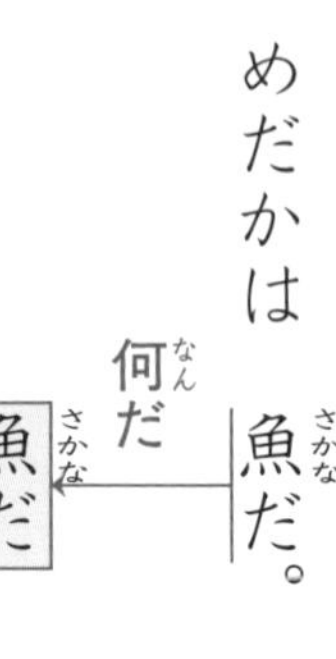

「しずかだ」は 「どんなだ」に、「魚だ」は 「何だ」に あたる ことばです。

よんでみよう

- 花が きれいだ。（どんなだ）
- 空が 青い。（どんなだ）
- わたしは 二年生です。（何だ）
- コップは ガラスだ。（何だ）

1 絵に 合う ことばを、○で かこみましょう。（一つ 4てん）

(1) 花が ｛ きれいだ ／ とんだ ｝。

(2)  弟は ｛ 走る ／ おもしろい ｝。

(3) はとは ｛ 魚だ ／ 鳥だ ｝。

(4)  妹は ｛ なき虫だ ／ 力もちだ ｝。

とくてん　　てん

2 **どんなだ**に　あたる　ことばを　書(か)きましましょう。（一つ　6てん）

(1) 花が　きれいだ。（きれいだ）

(2) へやが　しずかだ。

(3) 空が　青い。

(4) ポストは　赤い。

(5) 弟(おとうと)は　小さい。

(6) かばんが　おもい。

(7) まつりは　にぎやかだ。

---

3 **何(なん)だ**に　あたる　ことばを　書(か)きましょう。（一つ　6てん）

(1) めだかは　魚(さかな)だ。（魚だ）

(2) コップは　紙(かみ)だ。

(3) 妹(いもうと)は　なき虫だ。

(4) わたしは　二年生です。

(5) タイヤは　ゴムだ。

(6) すみれは　花だ。

(7) おとうさんは　力もちだ。

45 文の 組み立て④

文の 形

文の 形を おぼえましょう。

① 何が(は)／だれが(は) ＝ どうする(どうした)。

れい ●すずめが とぶ。

② 何が(は)／だれが(は) ＝ どんなだ。

れい ●すずめは 小さい。

③ 何が(は)／だれが(は) ＝ 何だ。

れい ●すずめは 鳥だ。

文の 中で、「**何が(は)**」「**だれが(は)**」に あたる ことばを 「**主語**」と いいます。

また、「**どうする(どうした)**」「**どんなだ**」「**何だ**」に あたる ことばを 「**じゅつ語**」と いいます。

1 つぎの 形の 文に、○を つけましょう。（一つ 4てん）

(1) 何が(は) どうする。
- (○)花が さく。
- ( )花が きれいだ。

(2) 何が(は) どんなだ。
- ( )花が きれいだ。
- ( )さくらは 花だ。

(3) 何が(は) 何だ。
- ( )花が さく。
- ( )さくらは 花だ。

とくてん　　てん

2 つぎの 文の 主語(しゅご)(「何(なに)が(は)」「だれが(は)」)に ――を、じゅつ語(ご)(「どうする」「どんなだ」「何(なん)だ」)に ＝＝を 引(ひ)きましょう。(一つ 4てん)

(1) ちょうが とぶ。

(2) ちょうは きれいだ。

(3) ちょうは 虫だ。

(4) ぼくが 走(はし)る。

(5) ぼくは 元気(げんき)だ。

(6) ぼくは 二年生だ。

3 つぎの 文の 形(かたち)を □から えらんで、記(き)ごうを 書(か)きましょう。(一つ 8てん)

(1) めだかが およぐ。（　　）

(2) めだかは 小さい。（　　）

(3) めだかは 魚(さかな)だ。（　　）

(4) とんぼが とぶ。（　　）

(5) へやは 明(あか)るい。（　　）

ア 何(なに)が(は) どうする。
イ 何(なに)が(は) どんなだ。
ウ 何(なに)が(は) 何(なん)だ。

46 文の 組み立て⑤

くわしく する ことば

①文の 中には、「どんな」を あらわす ことばが あります。

どんな
大きな → 犬が ほえる。
犬が ほえる。

「大きな」は、どんな 「犬」かを くわしく して います。

②文の 中には、「どのように」を あらわす ことばが あります。

犬が ほえる。
犬が ワンワン → ほえる。
どのように

「ワンワン」は、どのように 「ほえる」かを くわしく して います。

とくてん
てん

1 ――の ことばを くわしく して いる ことばを 書きましょう。(一つ 5てん)

(1) 大きな 犬が ほえる。 (大きな)

(2) 小さな 魚が およぐ。 (　　　)

(3) 白い ちょうが とぶ。 (白い)

(4) 新しい ノートを 買う。 (　　　)

2 ——の ことばを くわしく して いる ことばを 書き（か）ましょう。（一つ 8てん）

(1) 犬が ワンワン ほえる。（ワンワン）

(2) 魚（さかな）が すいすい およぐ。（　　）

(3) ちょうが ひらひら とぶ。（　　）

(4) 雨が ザーザー ふる。（　　）

(5) 星（ほし）が きらきら 光（ひか）る。（　　）

3 絵（え）を 見て、（　）に 合（あ）う ことばを、［　］から えらんで 書き（か）ましょう。（一つ 10てん）

(1) 犬が、（大きな） ワンワン ほえる。

(2) 魚（さかな）が、（　　） すいすい およぐ。

(3) 白い ちょうが、（　　） とぶ。

(4) はげしい 雨が、（　　） ふる。

［大きな・小さな・ザーザー・ひらひら］

47 文の組み立て⑥

1 つぎの 文の 主語（「何が」「だれが」）と、じゅつ語（「どうする」「どんなだ」「何だ」）に あたる ことばを 書きましょう。（一つ 4てん）

(1) 大きな 犬が、ワンワン ほえる。

▲主語（犬が）　▲じゅつ語（ほえる）

(2) 小さな 魚が、すいすい およぐ。

▲主語（　　）　▲じゅつ語（　　）

(3) 白い ちょうが、ひらひら とぶ。

▲主語（　　）　▲じゅつ語（　　）

2 つぎの ことばを つかって、絵に 合う 文を 作りましょう。（一つ 6てん）

(1) ガチャン

コップがガチャン　とわれた。

(2) ふわふわ

風船が

(3) ドンドン

とくてん　　てん

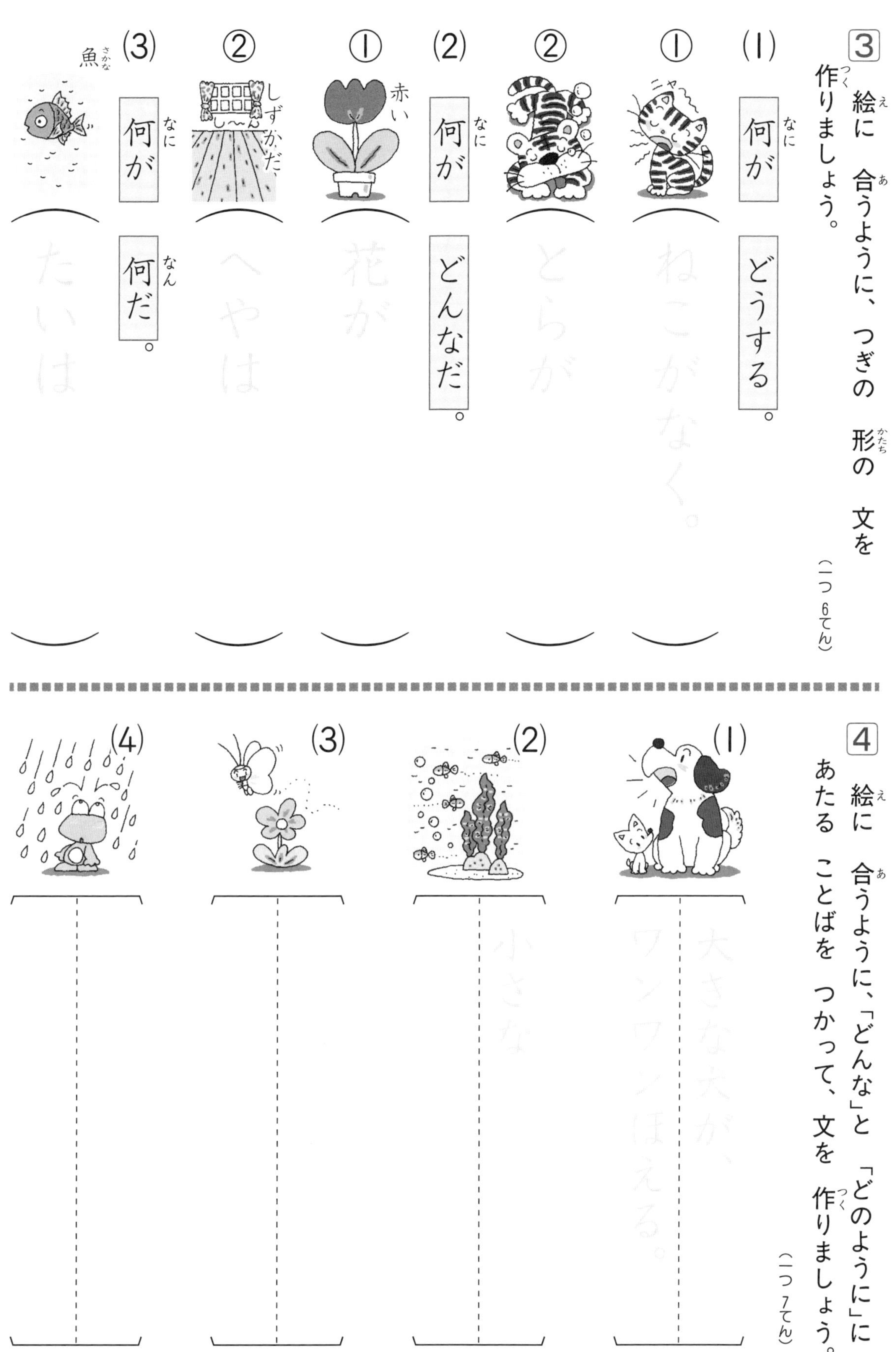

3 絵(え)に 合(あ)うように、つぎの 形(かたち)の 文を 作(つく)りましょう。（一つ 6てん）

(1) 何(なに)が どうする。

① ニャー ねこが なく。

② とらが

(2) 何(なに)が どんなだ。

① 赤い 花が

② しずかだ、しーん へやは

(3) 何(なに)が 何(なん)だ。

魚(さかな) たいは

4 絵(え)に 合(あ)うように、「どんな」と 「どのように」に あたる ことばを つかって、文を 作(つく)りましょう。（一つ 7てん）

(1) 大きな犬が、ワンワンほえる。

(2) 小さな

(3)

(4)

48 ふくしゅうドリル⑧

1 つぎの 文の じゅつ語（「どうする」「どんなだ」「何だ」）に あたる ことばを 書きましょう。（一つ 3てん）

(1) わたしが 話す。（　　　）

(2) へやが きれいだ。（　　　）

(3) からすは 鳥だ。（　　　）

(4) プールで およぐ。（　　　）

(5) かばんが おもい。（　　　）

(6) ぼくは 二年生だ。（　　　）

2 ――の ことばを くわしく して いる ことばを 書きましょう。（一つ 5てん）

(1) 大きな <u>こい</u>が およぐ。（　　　）

(2) 赤い <u>花</u>が さいた。（　　　）

(3) 新しい <u>くつ</u>を 買った。（　　　）

(4) かわいい <u>ねこ</u>が、ニャーと 鳴いた。（　　　）

(5) ぼくは、白い <u>ちょう</u>を おいかけた。（　　　）

とくてん　　　てん

3 ――の ことばを くわしく して いる ことばを 書(か)きましょう。（一つ 5てん）

(1) 白い ちょうが、ひらひら とぶ。
（　　　　）

(2) 夜空(よぞら)の 星(ほし)が、きらきら 光(ひか)る。
（　　　　）

(3) 小さな 魚(さかな)が、すいすい およぐ。
（　　　　）

(4) 強(つよ)い 雨が、ザーザー ふる。
（　　　　）

(5) りすが、たねを カリカリ かじる。
（　　　　）

4 つぎの 文の 主語(しゅご)（「何(なに)が」「だれが」）と、じゅつ語(ご)（「どうする」「どんなだ」「何(なん)だ」）に あたる ことばを 書(か)きましょう。（一つ 4てん）

(1) 白い 犬が、ワンワン ほえる。
◀主語(しゅご)（　　　　）
◀じゅつ語(ご)（　　　　）

(2) 赤い 花が きれいだ。
◀主語(しゅご)（　　　　）
◀じゅつ語(ご)（　　　　）

(3) となりの おにいさんは 力もちだ。
◀主語(しゅご)（　　　　）
◀じゅつ語(ご)（　　　　）

(4) ぼくが、公園(こうえん)まで ボールを もつ。
◀主語(しゅご)（　　　　）
◀じゅつ語(ご)（　　　　）

49 こそあどことば①

こそあどことば①

ものなどを　さししめす　ときに　つかう　ことばが　あります。

これは、はとです。（近（ちか）くの　もの）

それは、はとです。（あい手に　近（ちか）い　もの）

あれは　はとです。（どちらからも　遠（とお）い　もの）

はとは、どれですか。（はっきり　わからない　もの）

ものなどを　さししめす　ときに　つかう、**「これ」「それ」「あれ」「どれ」**を「こそあどことば」と　いいます。

1　正しい　ほうを、◯で　かこみましょう。（一つ　7てん）

(1)　｛これ・それ｝は、ぼくの　本です。（「これ」に◯）

(2)　｛これ・それ｝は、ぼくの　本です。

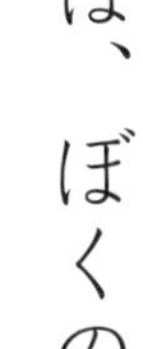

(3)　｛あれ・どれ｝は、ぼくの　本です。

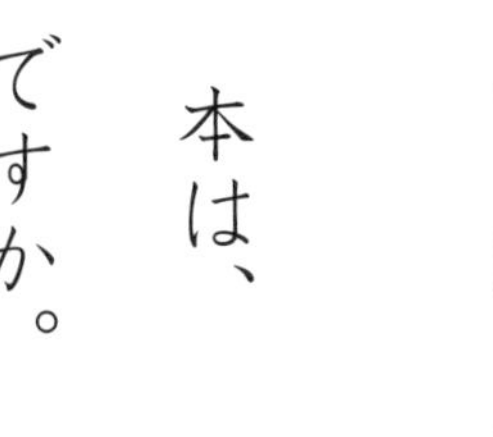

(4)　ぼくの　本は、｛あれ・どれ｝ですか。

とくてん　　てん

2 絵を 見て、（ ）に 合う ことばを、[ ]から えらんで 書きましょう。（一つ 8てん）

(1)

（それ）は、ぼくの ぼうしです。

[これ・それ]

(2)

（　　　）は、わたしの ハンカチです。

[これ・あれ]

(3)

（　　　）は、だれの かさですか。

[どれ・あれ]

3 絵を 見て、（ ）に 合う ことばを、[ ]から えらんで 書きましょう。（一つ 12てん）

(1)

（あれ）は、わたしの 犬です。

(2)

（　　　）は、わたしの 犬です。

(3)

（　　　）は、わたしの 犬です。

(4)

（　　　）が、わたしの 犬ですか。

[これ・それ・あれ・どれ]

50 こそあどことば②

こそあどことば②

「こそあどことば」には、つぎのような ものも あります。

この 花は、ゆりです。
その 花は、ゆりです。
あの 花は、ゆりです。
ゆりは、どの 花ですか。

ここは 花だんです。
そこは 花だんです。
あそこは 花だんです。
花だんは どこですか。

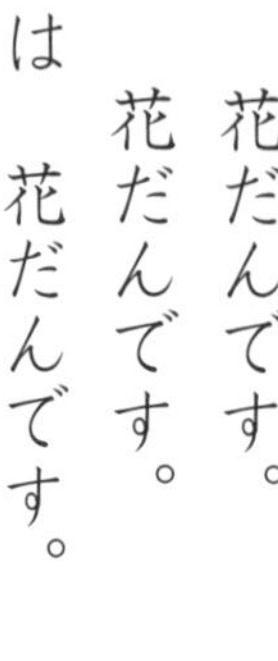

ものなどを さししめす ときには、「**この**」「**その**」「**あの**」「**どの**」を つかいます。
場(ば)しょを しめす ときには、「**ここ**」「**そこ**」「**あそこ**」「**どこ**」を つかいます。

1 正しい ほうを、◯で かこみましょう。（一つ 7てん）

(1) ｛この／どこ｝ 本は、ぼくのです。

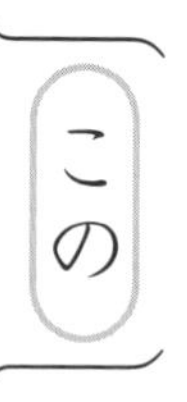

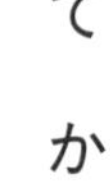

(2) ｛あの／そこ｝ 魚(さかな)は、さんまです。

(3) ｛この／ここ｝ は 学校です。

(4) ｛どの／あそこ｝ は、工場(こうじょう)です。

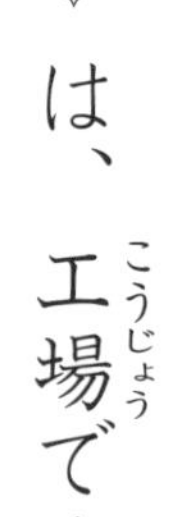

とくてん　　てん

2 絵を 見て、（ ）に 合う ことばを、[ ]から えらんで 書きましょう。（一つ 8てん）

(1) （　　　）虫は、かぶと虫です。

その・どこ

(2) （　　　）はこが、いいですか。

どの・ここ

(3) （　　　）は、公園です。

あの・あそこ

3 絵を 見て、（ ）に 合う ことばを、[ ]から えらんで 書きましょう。（一つ 12てん）

(1) （　　　）が えきです。

(2) （　　　）木は、さくらです。

(3) （　　　）が えきですか。

(4) （　　　）木は、さくらです。

この・あの・あそこ・どこ

51 文を　つなぐ　ことば①

文を　つなぐ　ことば

文と　文の　つながりを　はっきりさせる
ことばが　あります。

「**だから**」は　上の　文の　けっかを
つたえる　ときに　つかいます。
「**でも**」は　上の　文と　はんたいの　ことを
つたえる　ときに　つかいます。

1 つかい方が　正しい　ほうを、○で　かこみましょう。（一つ５てん）

(1) 雨が　ふった。｛だから／でも｝、かさを　さした。

(2) 雨が　ふった。｛だから／でも｝、かさを　ささなかった。

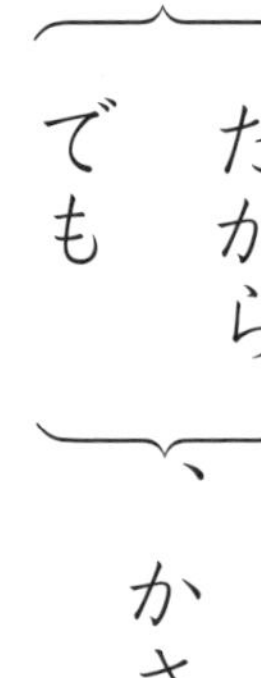

(3) 雨が　ふった。｛だから／でも｝、ふくが　ぬれた。

(4) 雨が　ふった。｛だから／でも｝、ふくは　ぬれなかった。

とくてん　　　てん

2 「だから」か 「でも」の うち、（　）に 合う ことばを 書きましょう。（一つ 8てん）

(1) 春に なった。（だから）、あたたかく なった。

(2) 早く ねた。（　　　）、ねぼうした。

(3) ねつが 出た。（　　　）、学校を 休んだ。

(4) たねを まいた。（　　　）、めが 出なかった。

(5) のどが かわいた。（　　　）、ジュースを のんだ。

3 絵に 合うように、つぎの ことばに つづけて、文を 作りましょう。（一つ 10てん）

(1) 春に なった。

① だから、花が さいた。

② でも、花が

(2) ろう下で ころんだ。

① だから、

② でも、

52 文を つなぐ ことば②

じゅんじょを あらわす ことば

文と 文を つないで、ことがらの じゅんじょを あらわす ことばが あります。

「はじめに」「つぎに」「さいごに」などの ことばを つかうと、ことがらの じゅんじょが はっきりします。

よんで みよう

- まず、小さな あなを あけます。
- それから、たねを 入れます。
- こんどは、土を かけます。
- おわりに、水を まきます。

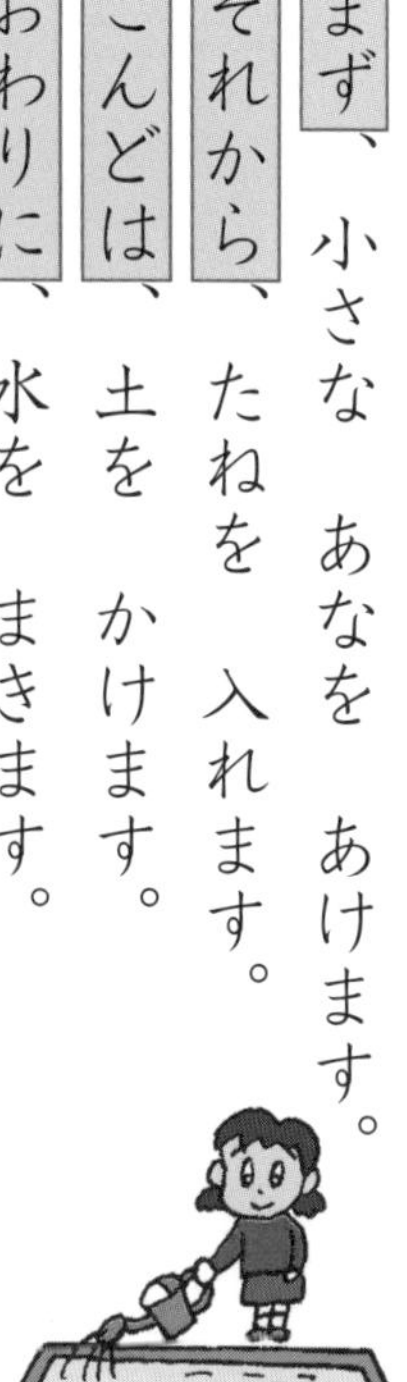

1 (1)→(2)→(3)の じゅんじょが わかるように、正しい ほうの ことばを、〇で かこみましょう。（一つ10てん）

(1) {はじめに／つぎに}、紙を 用意します。

(2) {つぎに／さいごに}、えんぴつで 絵を かきます。

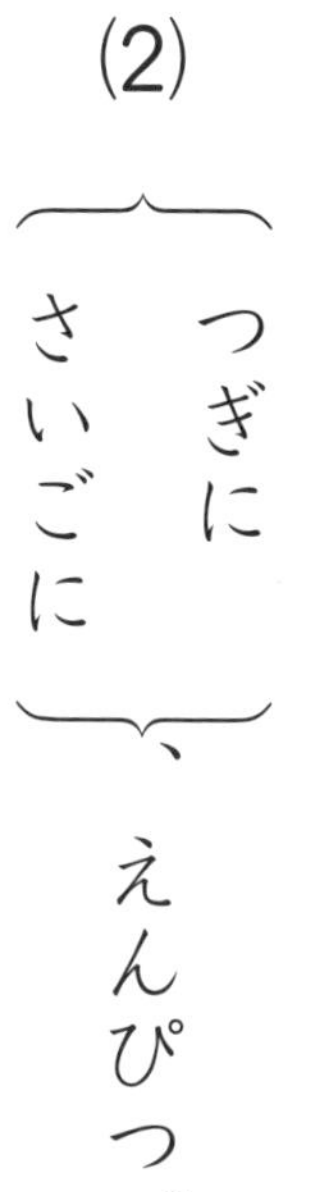

(3) {はじめに／さいごに}、はさみで ていねいに 切りぬきます。

2 (1)→(2)→(3)の じゅんじょが わかるように、（　）に 合う ことばを、［　］から えらんで 書きましょう。（一つ 10てん）

(1) （はじめに）、紙を おって、ひこうきを 作ります。

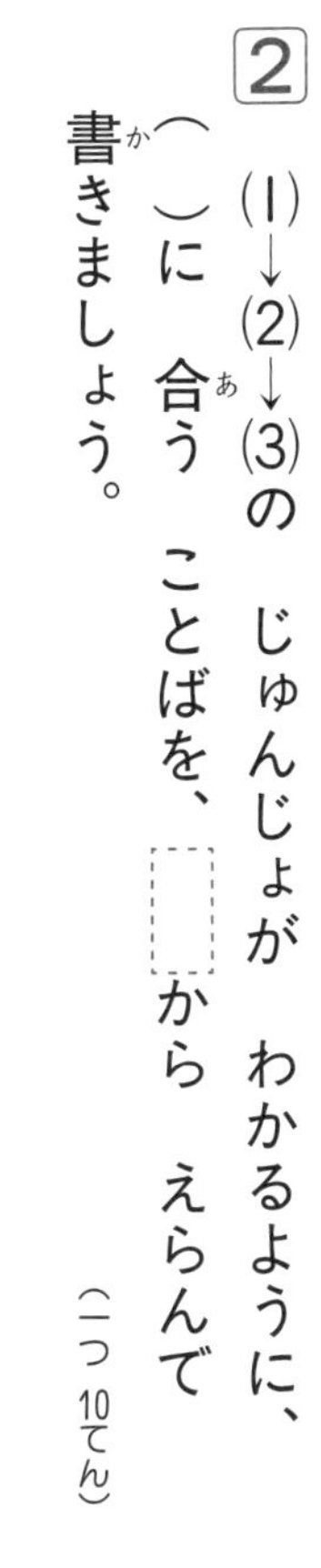

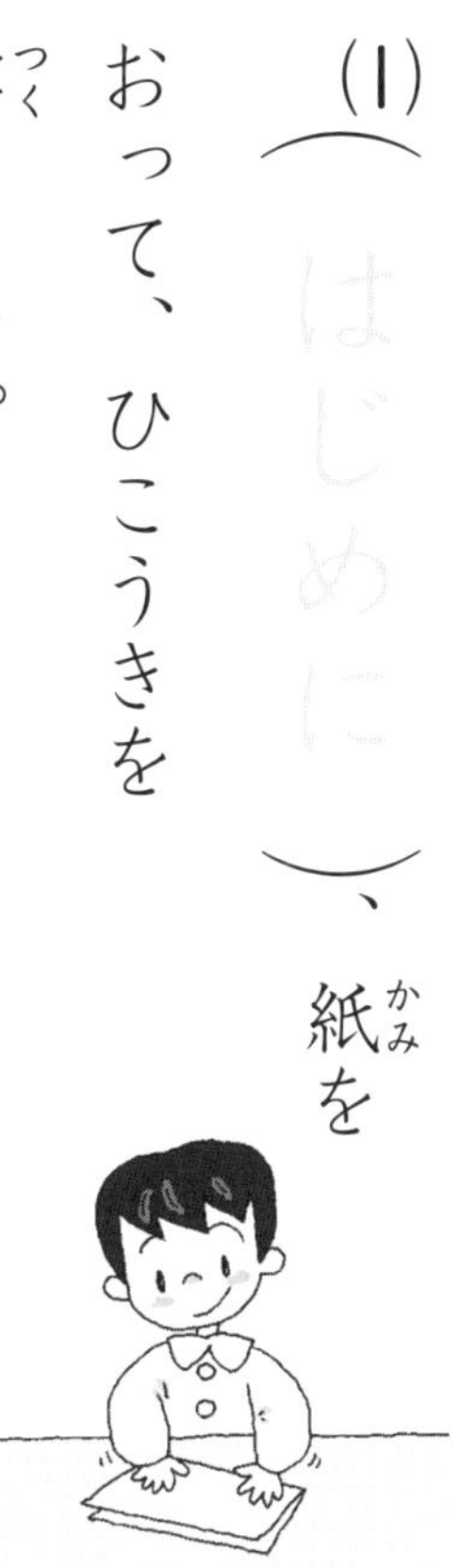

(2) （　　）、クレヨンで ひこうきを すきな 色に ぬります。

(3) （　　）、みんなで とばして きょうそうします。

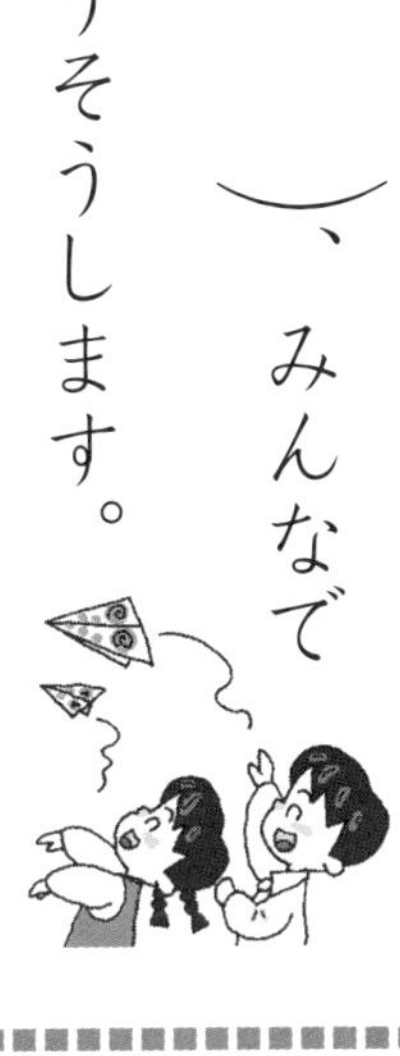

［ はじめに ・ さいごに ・ つぎに ］

---

3 正しく 文しょうが つづくように、（　）に 1〜3の 番ごうを 書きましょう。（ぜんぶ できて 一つ 20てん）

(1)
（　）つぎに、円を かきます。
（1）はじめに、紙を 二つに おります。
（　）さいごに、はさみで 円を きりぬきます。

(2)
（　）さいごに、さらに もりつけます。
（　）はじめに、ほうちょうで 野さいを 切ります。
（　）つぎに、野さいと 肉を フライパンで いためます。

53 いろいろな 言い方①

今の こと、すぎた ことを あらわす 言い方

文には、今の ことを あらわす 言い方と すぎた ことを あらわす 言い方が あります。

絵を かく。
（今の こと）

絵を かいた。
（すぎた こと）

☞ 文の おわりを「～た」や「～だ」に かえると、すぎた ことを あらわす 言い方の 文に なります。

よんで みよう

← 今の こと
- 水を のむ。
- 海で およぐ。
- 車に のる。

← すぎた こと
- 水を のんだ。
- 海で およいだ。
- 車に のった。

1 すぎた ことを あらわす 言い方の 文に、○を つけましょう。（一つ 7てん）

(1)
（ ○ ）花の 絵を かいた。
（　）花の 絵を かく。

(2)
（　）あつい お茶を のむ。
（　）あつい お茶を のんだ。

(3)
（　）プールで およいだ。
（　）プールで およぐ。

(4)
（　）赤い 電車に のる。
（　）赤い 電車に のった。

とくてん　　てん

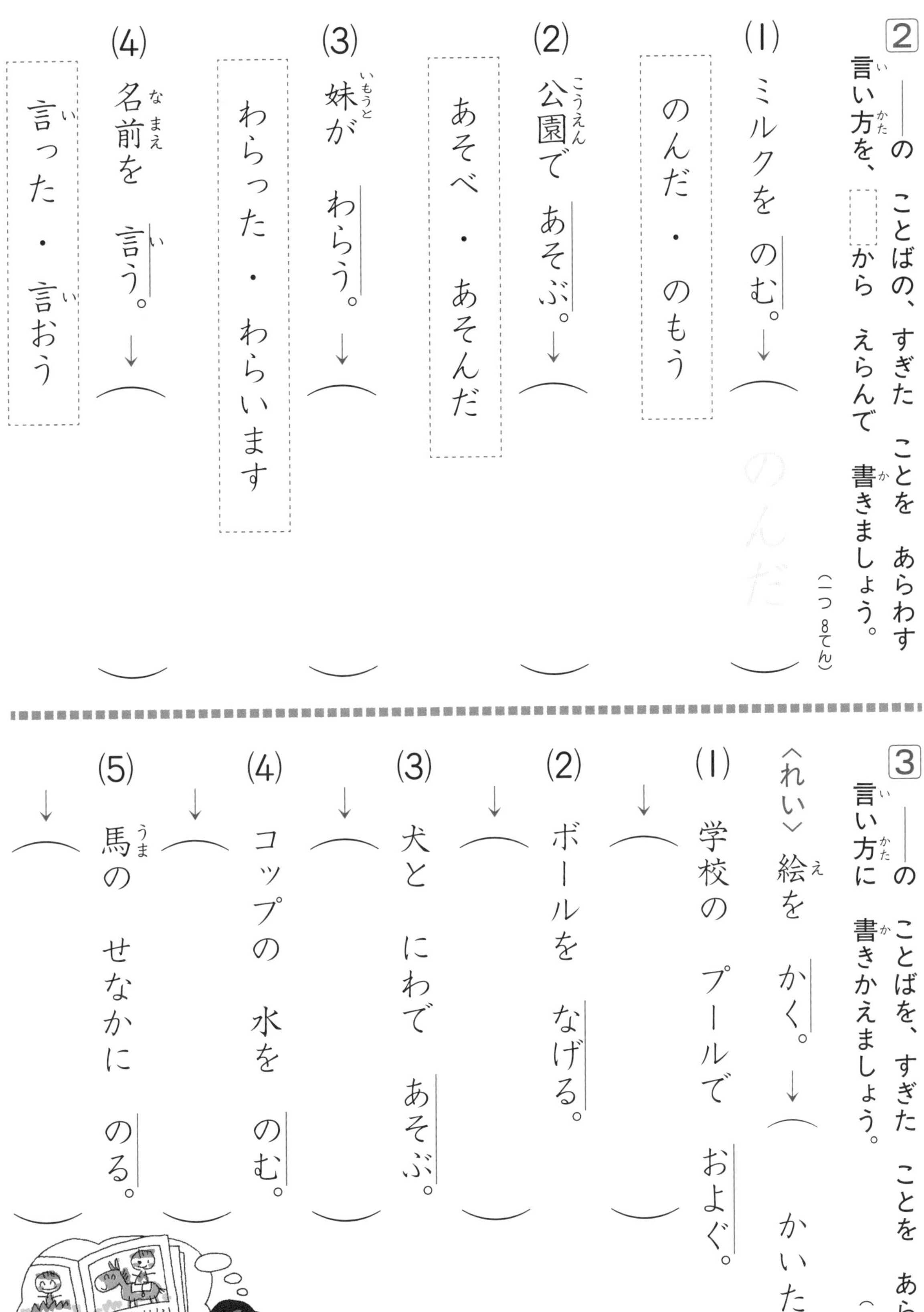

2 ——の ことばの、すぎた ことを あらわす 言(い)い方(かた)を、[　]から えらんで 書(か)きましょう。（一つ8てん）

(1) ミルクを のむ。→（のんだ）

[のんだ・のもう]

(2) 公園(こうえん)で あそぶ。→（　）

[あそべ・あそんだ]

(3) 妹(いもうと)が わらう。→（　）

[わらった・わらいます]

(4) 名前(なまえ)を 言(い)う。→（　）

[言(い)った・言(い)おう]

3 ——の ことばを、すぎた ことを あらわす 言(い)い方(かた)に 書(か)きかえましょう。（一つ8てん）

〈れい〉 絵(え)を かく。→（かいた）

(1) 学校の プールで およぐ。→（　）

(2) ボールを なげる。→（　）

(3) 犬と にわで あそぶ。→（　）

(4) コップの 水を のむ。→（　）

(5) 馬(うま)の せなかに のる。→（　）

54 いろいろな 言い方②

ふつうの 言い方と ていねいな 言い方

文には、ふつうの 言い方と ていねいな 言い方が あります。

本を 読む。（ふつうの 言い方）
本を 読みます。（ていねいな 言い方）

文の おわりの 言い方を、「〜ます」に かえると、ていねいな 言い方に なります。

よんで みよう

左がわが ていねいな 言い方です。

・これは 本だ。／これは 本です。
・本を 読んだ。／本を 読みました。
・本を 読むか。／本を 読みますか。
・本を 読まない。／本を 読みません。

1 ——の ことばが ていねいな 言い方の 文に、○を つけましょう。（一つ 7てん）

(1)
（○）朝、学校へ 行きます。
（　）朝、学校へ 行く。

(2)
（　）きょうは、火曜日だ。
（　）きょうは、火曜日です。

(3)
（　）夜空の 星を 見た。
（　）夜空の 星を 見ました。

(4)
（　）いすに すわるか。
（　）いすに すわりますか。

とくてん　　てん

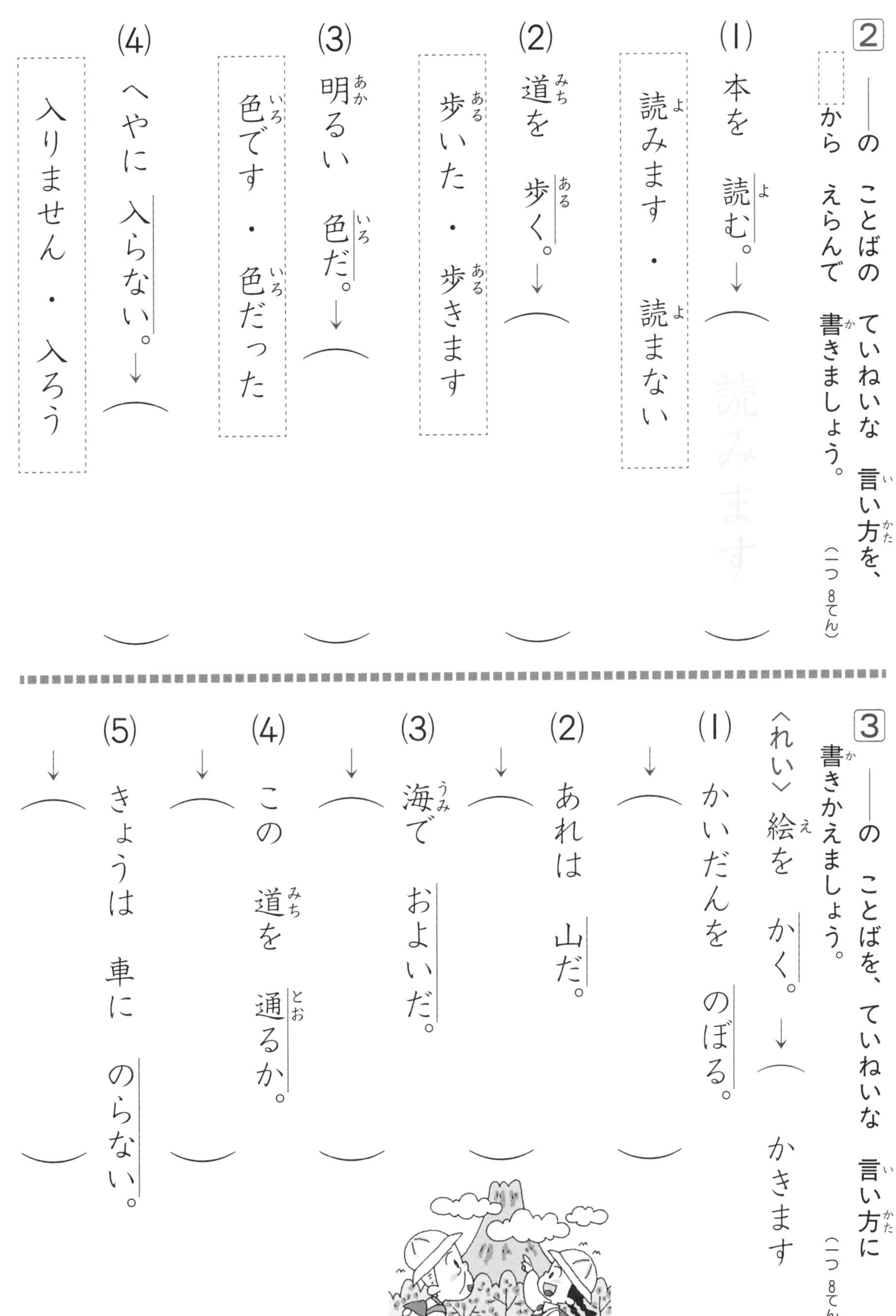

2 ——の ことばの ていねいな 言い方を、［　］から えらんで 書きましょう。（一つ 8てん）

(1) 本を 読む。→（読みます）

［読みます・読まない］

(2) 道を 歩く。→（　　　）

［歩いた・歩きます］

(3) 明るい 色だ。→（　　　）

［色です・色だった］

(4) へやに 入らない。→（　　　）

［入りません・入ろう］

---

3 ——の ことばを、ていねいな 言い方に 書きかえましょう。（一つ 8てん）

〈れい〉 絵を かく。→（かきます）

(1) かいだんを のぼる。→（　　　）

(2) あれは 山だ。→（　　　）

(3) 海で およいだ。→（　　　）

(4) この 道を 通るか。→（　　　）

(5) きょうは 車に のらない。→（　　　）

55 いろいろな 言い方③

文の おわりの 言い方①

文の おわりの 形を かえると、いろいろな 言い方の 文に なります。

①人から 聞いた 言い方。

花が さいた。
↓
花が さいたそうだ。
花が さいたと いう ことだ。

「そうだ」「と いう ことだ」を つけると、人から 聞いた 言い方に なります。

②ようすを おしはかる 言い方。

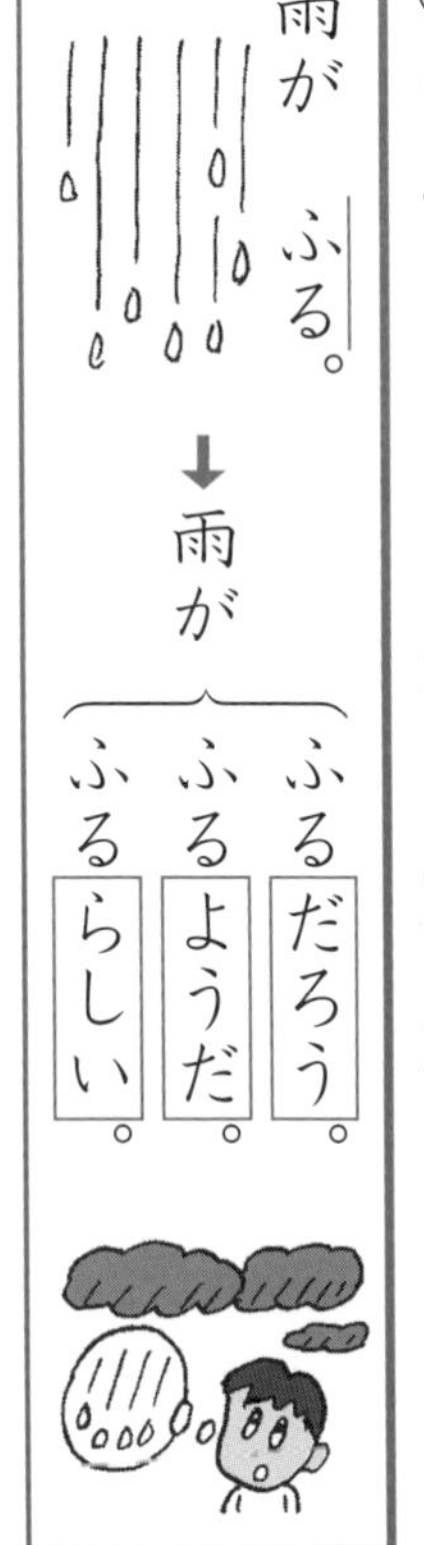

雨が ふる。
↓
雨が ふるだろう。
雨が ふるようだ。
雨が ふるらしい。

「だろう」「ようだ」「らしい」を つけると、ようすを おしはかる 言い方に なります。

1 人から 聞いた 言い方の 文に、○を つけましょう。（一つ5てん）

(1)
（　）花が さいた。
（○）花が さいたと いう ことだ。

(2)
（　）弟は、遠足に 行った。
（　）弟は、遠足に 行ったそうだ。

2 ようすを おしはかる 言い方の 文に、○を つけましょう。（一つ5てん）

(1)
（○）雨が ふるだろう。
（　）雨が ふる。

(2)
（　）父は しごとに 行く。
（　）父は しごとに 行くようだ。

とくてん　　てん

3 ——の ことばを、「そうだ」を つかって、人から 聞いた 言い方に 書きかえましょう。（一つ 10てん）

〈れい〉母は 出かけた。
（出かけたそうだ）

(1) 兄は 学校へ 行った。
（　　）

(2) 家で 犬を かう。
（　　）

(3) 花だんに たねを まく。
（　　）

(4) 姉は かみの毛を きった。
（　　）

4 ——の ことばを、〈 〉の 言い方に 書きかえましょう。〈 〉の ことばを つかって、ようすを おしはかる 言い方に 書きかえましょう。（一つ 10てん）

〈れい〉姉は、テレビを 見る。〈だろう〉
（見るだろう）

(1) うめの 花が さく。〈だろう〉
（　　）

(2) 母は そうじを する。〈ようだ〉
（　　）

(3) 友だちが 来た。〈ようだ〉
（　　）

(4) 弟は、これから ねる。〈らしい〉
（　　）

56 いろいろな　言い方④

文の　おわりの　言い方②

55回（110ページ）の　言い方の　ほかにも、文の　おわりの　言い方には、　いろいろな　ものが　あります。

①めいれいする　言い方
本を　読みなさい。

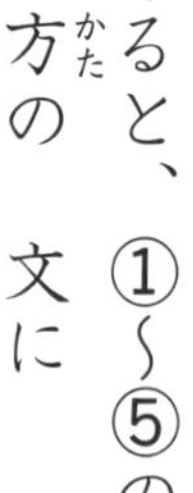

②きぼうする　言い方
本を　読みたい。

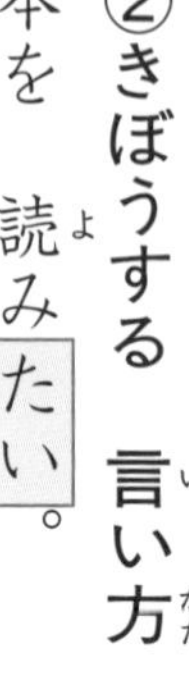

③たのむ　言い方
本を　読んで　ください。

④さそう　言い方
本を　読みましょう。

⑤たずねる　言い方
本を　読みますか。

□の　ことばを　つけると、①〜⑤の　言い方の　文に　なります。

1　〔　〕の　言い方の　文に、○を　つけましょう。（(1)は　8てん、(2)(3)は一つ　10てん）

(1)〔めいれいする　言い方〕
（○）歩道を　歩きなさい。
（　）歩道を　歩きましょう。

(2)〔たのむ　言い方〕
（　）正門から　入りなさい。
（　）正門から　入って　ください。

(3)〔さそう　言い方〕
（　）えきに、行きますか。
（　）えきに、行きましょう。

とくてん　　てん

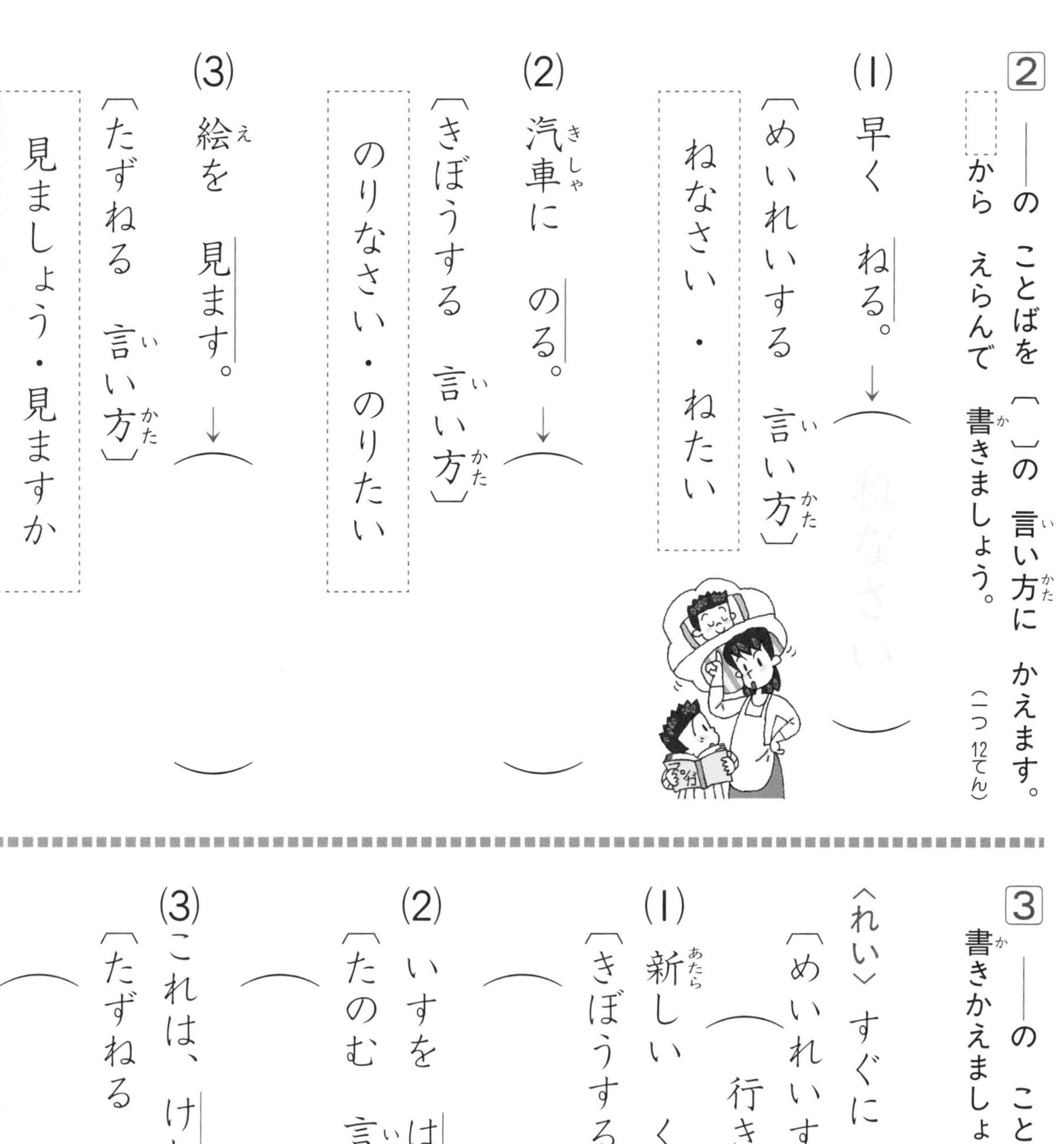

2 ——の ことばを〔 〕の 言い方に かえます。[ ]から えらんで 書きましょう。（一つ12てん）

(1) 早く ねる。→（ねなさい）
〔めいれいする 言い方〕
[ねなさい・ねたい]

(2) 汽車に のる。→（ ）
〔きぼうする 言い方〕
[のりなさい・のりたい]

(3) 絵を 見ます。→（ ）
〔たずねる 言い方〕
[見ましょう・見ますか]

3 ——の ことばを、〔 〕の 言い方の 文に 書きかえましょう。（一つ12てん）

〈れい〉すぐに 行く。
〔めいれいする 言い方〕
（行きなさい）

(1) 新しい くつを 買う。
〔きぼうする 言い方〕
（ ）

(2) いすを はこぶ。
〔たのむ 言い方〕
（ ）

(3) これは、けしゴムです。
〔たずねる 言い方〕
（ ）

57 ふくしゅうドリル⑨

1 絵を 見て、（ ）に 合う ことばを、□から えらんで 書きましょう。（一つ 5てん）

(1)

（　　　）は、わたしの かばんです。

(2)

魚は、（　　　）こいです。

(3)

（　　　）は、花やさんです。

あれ ・ これ ・ あの ・ ここ

2 (1)→(2)→(3)のじゅんじょが わかるように、（ ）に 合う ことばを、□から えらんで 書きましょう。（一つ 5てん）

(1)（　　　）、紙に おにの 顔を かきます。

(2)（　　　）、顔の 形に はさみで 切ります。

(3)（　　　）、目を あけて、おにの おめんの できあがりです。

つぎに ・ おわりに ・ はじめに

とくてん　　てん

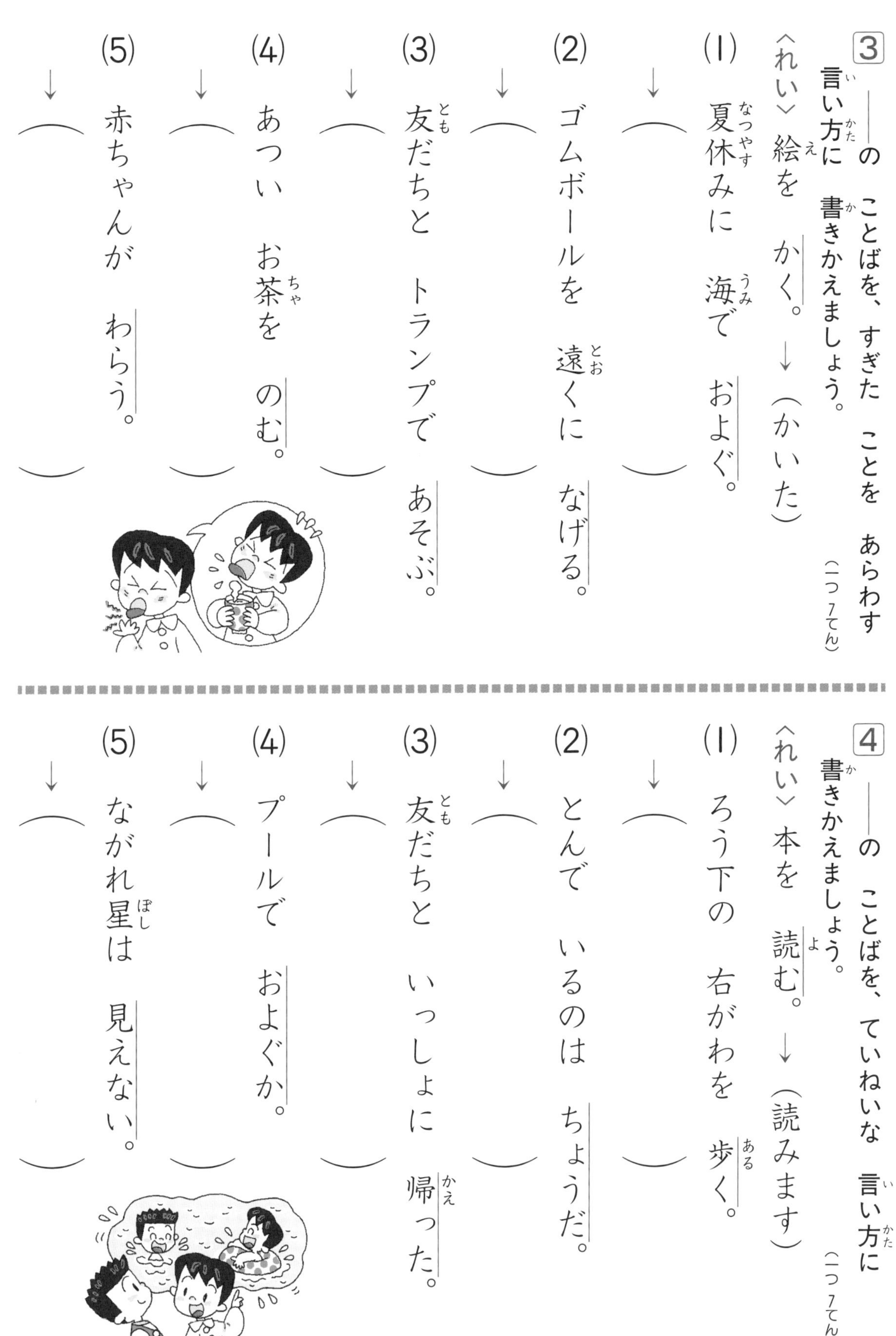

3 ――の　ことばを、すぎた　ことを　あらわす　言い方に　書きかえましょう。（一つ７てん）

〈れい〉絵を　かく。→（かいた）

(1) 夏休みに　海で　およぐ。

→（　　　　）

(2) ゴムボールを　遠くに　なげる。

→（　　　　）

(3) 友だちと　トランプで　あそぶ。

→（　　　　）

(4) あつい　お茶を　のむ。

→（　　　　）

(5) 赤ちゃんが　わらう。

→（　　　　）

4 ――の　ことばを、ていねいな　言い方に　書きかえましょう。（一つ７てん）

〈れい〉本を　読む。→（読みます）

(1) ろう下の　右がわを　歩く。

→（　　　　）

(2) とんで　いるのは　ちょうだ。

→（　　　　）

(3) 友だちと　いっしょに　帰った。

→（　　　　）

(4) プールで　およぐか。

→（　　　　）

(5) ながれ星は　見えない。

→（　　　　）

58 テスト①

1 [ ]の ことばを、つぎの ⑴～⑷に 分けて、（ ）に カタカナで 書きましょう。（一つ 3てん）

⑴ 外国の 国や 土地や 人の 名前。
（　　）・（　　）

⑵ 外国から きた ことば。
（　　）・（　　）

⑶ どうぶつの 鳴き声。
（　　）・（　　）

⑷ いろいろな ものの 音。
（　　）・（　　）

みるく・けろけろ・どぼん・えじそん
すいす・ぱとかあ・ばたん・わんわん

2 カタカナで 書いた ほうが よい ことばを、二つずつ 見つけて、（ ）に カタカナで 書きましょう。（一つ 5てん）

⑴ とらっくや ばすが とおる みちに、きを つける。
（　　）・（　　）

⑵ らんどせるに ほんと のうとを いれる。
（　　）・（　　）

⑶ ぱんに まあがりんを ぬって たべた。
（　　）・（　　）

とくてん
てん

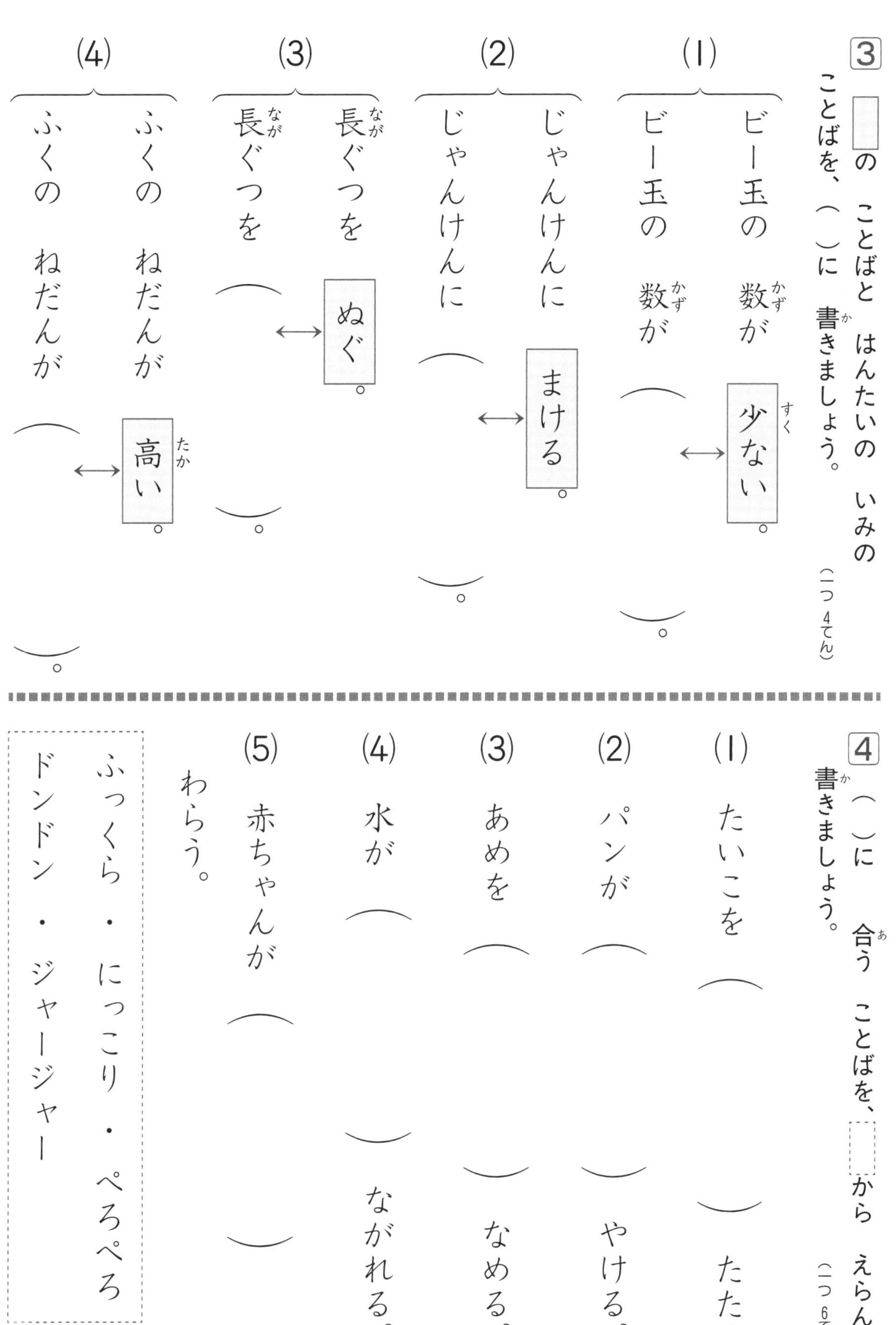

3 □の ことばと はんたいの いみの ことばを、（ ）に 書きましょう。（一つ 4てん）

(1) ビー玉の 数が 少ない。
ビー玉の 数が （ ）。

(2) じゃんけんに まける。
じゃんけんに （ ）。

(3) 長ぐつを ぬぐ。
長ぐつを （ ）。

(4) ふくの ねだんが 高い。
ふくの ねだんが （ ）。

4 （ ）に 合う ことばを、□から えらんで 書きましょう。（一つ 6てん）

(1) たいこを （ ） たたく。

(2) パンが （ ） やける。

(3) あめを （ ） なめる。

(4) 水が （ ） ながれる。

(5) 赤ちゃんが （ ） わらう。

ふっくら ・ にっこり ・ ぺろぺろ
ドンドン ・ ジャージャー

59 テスト②

1 □の ぶぶんを もつ かん字を、□に 書(か)きましょう。（一つ 2てん）

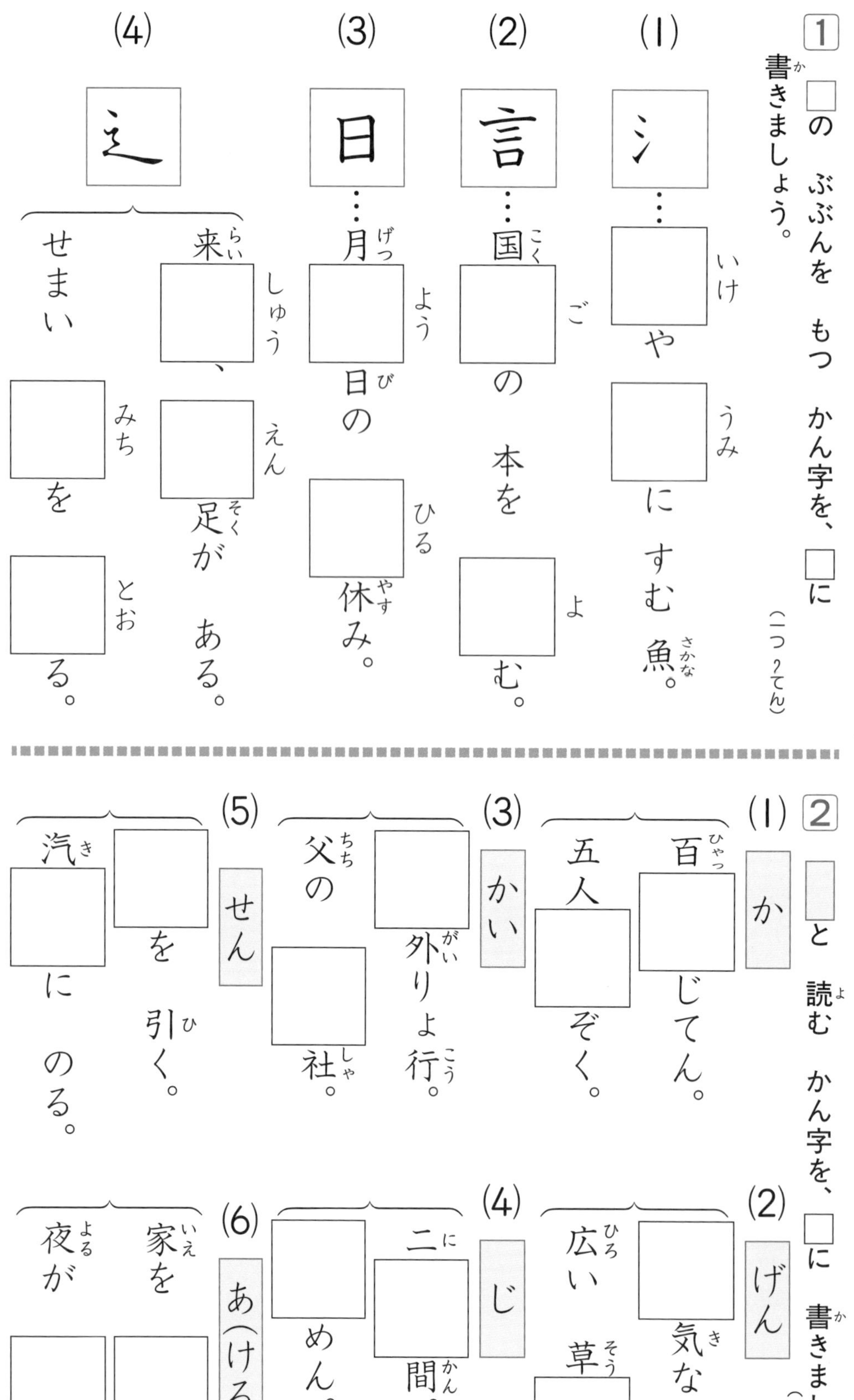

(1) 氵…□(いけ)や □(うみ)に すむ 魚(さかな)。

(2) 言…国(こく)□(ご)の 本を □(よ)む。

(3) 日…月(げっ)□(よう)日(び)の □(ひる)休(やす)み。

(4) 辶…来(らい)□(しゅう)、□(えん)足(そく)が ある。せまい □(みち)を □(とお)る。

2 □と 読(よ)む かん字を、□に 書(か)きましょう。（一つ 3てん）

(1) か　百(ひゃっ)□じてん。五人□ぞく。

(2) げん　□気(き)な 声(こえ)。広(ひろ)い 草(そう)□。

(3) かい　□外(がい)りょ行(こう)。父(ちち)の □社(しゃ)。

(4) じ　二(に)□間(かん)。□めん。

(5) せん　□を 引(ひ)く。汽(き)□に のる。

(6) あ(ける)　家(いえ)を □ける。夜(よる)が □ける。

とくてん　てん

3 かん字の まちがいに ×を つけて、右がわに 正しく 書きましょう。（一つ4てん）

〈れい〉火（×）びんに 水を 入れる。　花

(1) 毎朝 午にゅうを のむ。

(2) 自どう車の 止まる 音が 間こえる。

(3) 近くの 公遠まで 走って いく。

(4) 電車に のって、当京へ 行った。

(5) 図書かんで 友だちに 合った。

4 つぎの 文に、かぎ（「 」）を ふた組 書きましょう。（一くみ6てん）

早く 行こう。
と、ぼくが 言うと、
おねえさんは、
少し まってよ。
と 言って、やって 来た。

5 〈 〉の いみに 合うように、点（、）を 書きましょう。（一つ6てん）

(1) 〈きものを 買う〉

ここではきものを買う。

(2) 〈いしゃになる〉

ぼくはいしゃになりたい。

60 テスト③

とくてん
てん

1 つぎの 文の じゅつ語(ご)(「どうする」「どんなだ」「何(なん)だ」)に あたる ことばを 書(か)きましょう。(一つ 3てん)

(1) ボールを なげる。(　　　)

(2) それは ばったただ。(　　　)

(3) にもつが おもい。(　　　)

(4) 元気(げんき)よく 歌(うた)う。(　　　)

(5) 海(うみ)が きれいだ。(　　　)

(6) 妹(いもうと)は なき虫だ。(　　　)

2 絵(え)を 見て、(　)に 合(あ)う ことばを、［　］から えらんで 書(か)きましょう。(一つ 10てん)

(1) (　　　)が、わたしの 学校です。

(2) (　　　)にもつは、だれの ものですか。

(3) (　　　)かさは、姉(あね)の ものです。

［ この ・ あそこ ・ どこ ・ あの ］

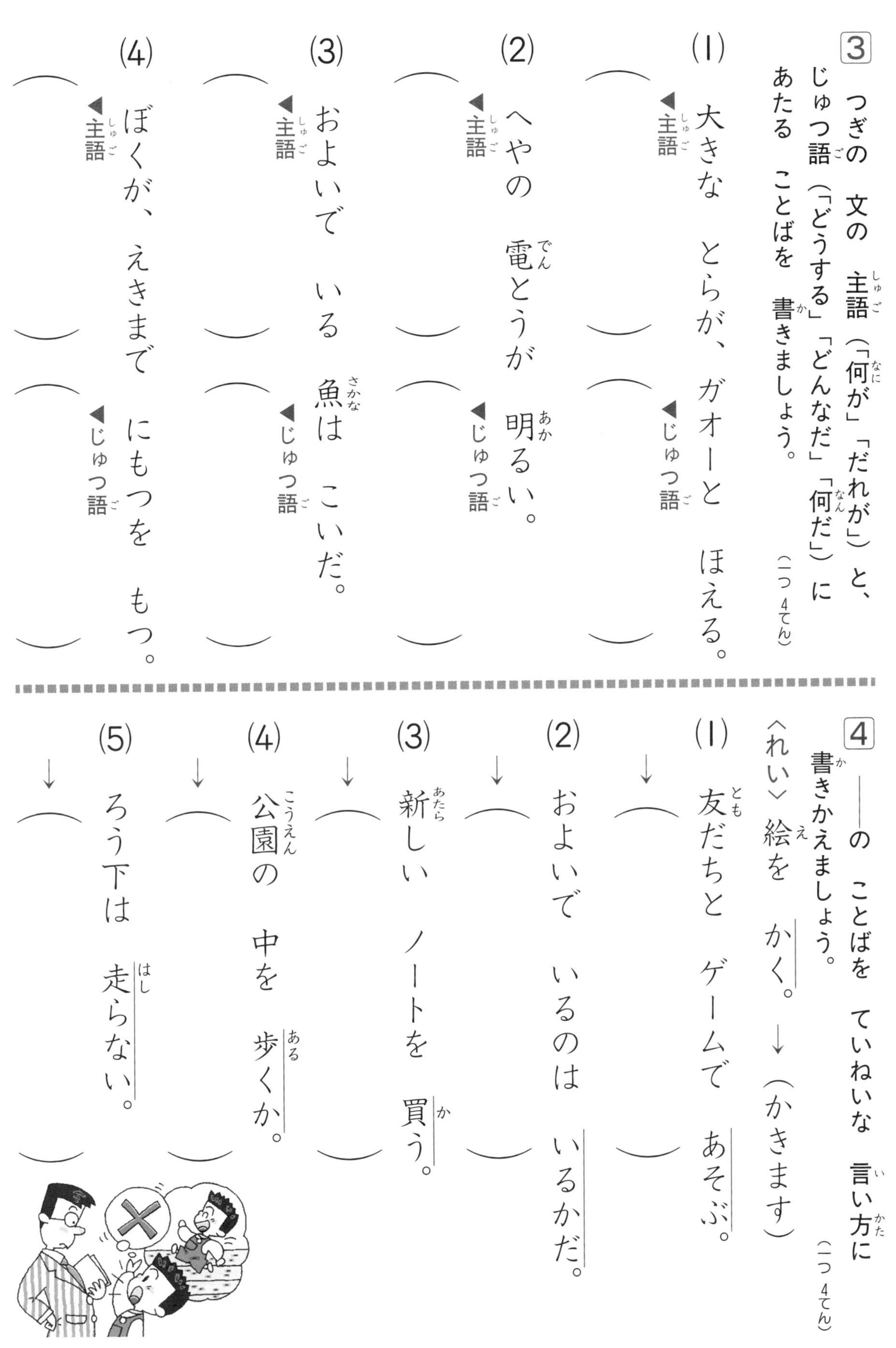

3 つぎの 文の 主語（「何が」「だれが」）と、じゅつ語（「どうする」「どんなだ」「何だ」）に あたる ことばを 書きましょう。（一つ 4てん）

(1) 大きな とらが、ガオーと ほえる。
▶主語（　　）　▶じゅつ語（　　）

(2) へやの 電とうが 明るい。
▶主語（　　）　▶じゅつ語（　　）

(3) およいで いる 魚は こいだ。
▶主語（　　）　▶じゅつ語（　　）

(4) ぼくが、えきまで にもつを もつ。
▶主語（　　）　▶じゅつ語（　　）

4 ――の ことばを ていねいな 言い方に 書きかえましょう。（一つ 4てん）

〈れい〉絵を かく。→（かきます）

(1) 友だちと ゲームで あそぶ。
→（　　）

(2) およいで いるのは いるかだ。
→（　　）

(3) 新しい ノートを 買う。
→（　　）

(4) 公園の 中を 歩くか。
→（　　）

(5) ろう下は 走らない。
→（　　）

- 文や　文しょうを　つかった　もんだいでは、文しょう中の　ことばを　正かいと　して　います。
- [れい]の　答えでは、にた　内ようが　書けて　いれば　正かいです。
- 〈　〉は、ほかの　答え方です。
- ひらがなや　カタカナ、かん字の　ことばを　書く　もんだいでは、ぜんぶ　書けて、一つの　正かいと　なります。

1 カタカナの　れんしゅう①　2・3ページ

1 (1)アイロン　(2)ハンカチ　(3)オムレツ
(4)ライオン　(5)ネクタイ　(6)クレヨン
(7)エプロン　(8)トランプ　(9)カーテン
(10)スリッパ

2 カタカナの　れんしゅう②　4・5ページ

1 (1)ガラス　(2)ベンチ　(3)ピアノ
(4)バケツ　(5)サボテン

2 (1)パトカー　(2)シール　(3)スプーン
(4)セーター　(5)トースト

3 (1)キャラメル　(2)ベッド　(3)ジュース
(4)ビスケット　(5)チョーク

3 カタカナの　ことば①　6・7ページ

1 (1)スイス　(2)フランス　(3)ロンドン
(4)エジソン　(5)シンデレラ

2 (1)メロン　(2)ミルク　(3)チーズ
(4)ノート　(5)トラック　(6)ランドセル

3 (1)ワンワン　(2)ヒヒーン
(3)チュンチュン

4 (1)ガチャン　(2)ザーザー
(3)バシャバシャ

4 カタカナの　ことば②　8・9ページ

1 (1)インド　(2)ロンドン　(3)エジソン
(4)シンデレラ

2 (1)ミルク　(2)チーズ　(3)ランドセル
(4)トラック　(5)メロン

3 (1)ケロケロ　(2)ワンワン　(3)ミンミン
(4)チュンチュン　(5)ヒヒーン〈ヒヒイン〉

4 (1)ジリリリ　(2)チリン　(3)ガチャン
(4)バタン　(5)ドンドン

5 カタカナの　ことば③　10・11ページ

1 (1)エジソン・フランス・ロンドン
(2)ミルク・チーズ・メロン
(3)ワンワン・ミンミン・ケロケロ
(4)ポチャン・カンカン・トントン
1は、じゅんじょが　ちがっても　正かいです。

2 (1)オーストラリア・コアラ
(2)インド・カレー
(3)シンデレラ・ガラス
2は、じゅんじょが　ちがっても　正かいです。

3 (1)[れい]わたしは、コップでジュースをのんだ。
(2)[れい]わたしは、ランドセルにノートを入れた。
(3)[れい]ぼくは、コロッケにソースをかけた。

6 ふくしゅうドリル①　12・13ページ

1 (1)バケツ　(2)チョーク　(3)パトカー
(4)キャラメル　(5)ランドセル

2 (1)ワンワン　(2)ガチャン　(3)ザーザー
(4)チュンチュン　(5)バシャバシャ

3 (1)ロンドン・インド　(2)メロン・チーズ
(3)ワンワン・ケロケロ
(4)バタン・ガチャン
3は、じゅんじょが　ちがっても　正かいです。

4 (1)コップ・ジュース
(2)サラダ・マヨネーズ
(3)パジャマ・セーター
4は、じゅんじょが　ちがっても　正かいです。

7 なかまの　ことば①　14・15ページ

1 (1)つくえ　(2)車　(3)本
(4)テレビ　(5)えんぴつ

2 (1)ねぎ　(2)四角　(3)パトカー　(4)赤

3 (1)ピーマン　(2)黄みどり
(3)ゴリラ　(4)バス

8 なかまの　ことば②　16・17ページ

1 (1)くだもの　(2)鳥　(3)虫
(4)野さい　(5)おかし

2 (1)おかし　(2)鳥　(3)魚　(4)くだもの

3 (1)バナナ (2)野さい (3)トマト (4)とんぼ (5)鳥 (6)すずめ

9 なかまの ことば③ 18・19ページ

1 (1)もつ・つかむ (2)走る・歩く (3)食べる・話す (4)見る・ながめる

2 (1)赤い (2)大きい (3)明るい (4)あつい

3 (1)ぼくは、ボールをなげる。 (2)れい わたしは、ケーキを食べる。 (3)れい ぼくは、ボールをける。 (4)れい わたしは、とけいを見る。

10 はんたいの いみの ことば① 20・21ページ

1 (1)小さい (2)みじかい (3)弱い (4)少ない (5)細い

2 (1)大きい (2)多い (3)古い (4)広い (5)さむい

3 (1)明るい (2)みじかい (3)強い (4)少ない

11 はんたいの いみの ことば② 22・23ページ

1 (1)下 (2)後ろ (3)売る (4)しめる (5)まける

2 (1)下がる (2)しめる (3)ひろう (4)出る (5)内

3 (1)後ろ (2)売る (3)しめる (4)まける

12 はんたいの いみの ことば、にた いみの ことば 24・25ページ

1 (1)きる (2)ひくい (3)つめたい (4)はく (5)やすい

2 (1)話す (2)ながめる (3)通う (4)にぎる

3 (1)きる (2)はく (3)高い (4)つめたい

13 ふくしゅうドリル② 26・27ページ

1 (1)車 (2)野さい (3)どうぶつ (4)色

2 (1)はと (2)虫 (3)ちょう (4)だいこん (5)くだもの (6)ぶどう

3 (1)多い (2)明るい (3)あける (4)上がる

4 (1)きる (2)はく (3)やすい (4)あつい

14 組み合わせた ことば① 28・29ページ

1 (1)朝日 (2)絵本 (3)紙しばい (4)昼休み (5)水あそび (6)たからもの

2 (1)赤とんぼ (2)古本 (3)男 (4)早おき (5)そで (6)道 (7)昼休み

3 (1)古い本 (2)れい 大きい男 (3)れい 早くおきる (4)れい 長いそで (5)れい 近い道 (6)れい 昼の休み

15 組み合わせた ことば② 30・31ページ

1 (1)走り回る (2)言いかえす (3)はりつける (4)見わたす (5)あらいながす

2 (1)走り回る (2)はりつける (3)あらいながす (4)とびはねる (5)言いかえす (6)うけとる (7)話し合う

3 (1)はりつける (2)とび下りる (3)見わたす (4)走る (5)言う (6)うける (7)おわる

16 組み合わせた ことば③ 32・33ページ

1 (1)本ばこ (2)花ばたけ (3)ながぐつ (4)まきがい (5)かざぐるま

2 (1)ふでばこ (2)はたけ (3)くつ (4)あおぞら (5)くつばこ (6)くも (7)かた

3 (1)あおぞら (2)なきがお (3)かなあみ (4)あまぐつ (5)かざぐるま (6)ふなぞこ

17 音や ようすを あらわす ことば① 34・35ページ

1 (1)トントン (2)ガチャン (3)ブー (4)ワンワン (5)チュンチュン

2 (1)ゴロゴロ (2)バシャバシャ (3)ジャージャー (4)ギャーギャー

3 (1)ザーザー (2)れい トントン (3)れい ガチャン (4)れい ワンワン

18 音や ようすを あらわす ことば② 36・37ページ

1 (1)きらきら (2)ふわふわ (3)ぺろぺろ (4)にっこり (5)ふっくら

2 (1)ぺろぺろ (2)ふっくら (3)たっぷり (4)ゆっくり

3 (1)星がきらきら光る。 (2)れい 風船がふわふわとぶ。 (3)れい 赤ちゃんがにっこりわらう。 (4)れい かぎをしっかりかける。

19 ふくしゅうドリル③ 38・39ページ

1 (1)長い (2)食べる (3)本ばこ

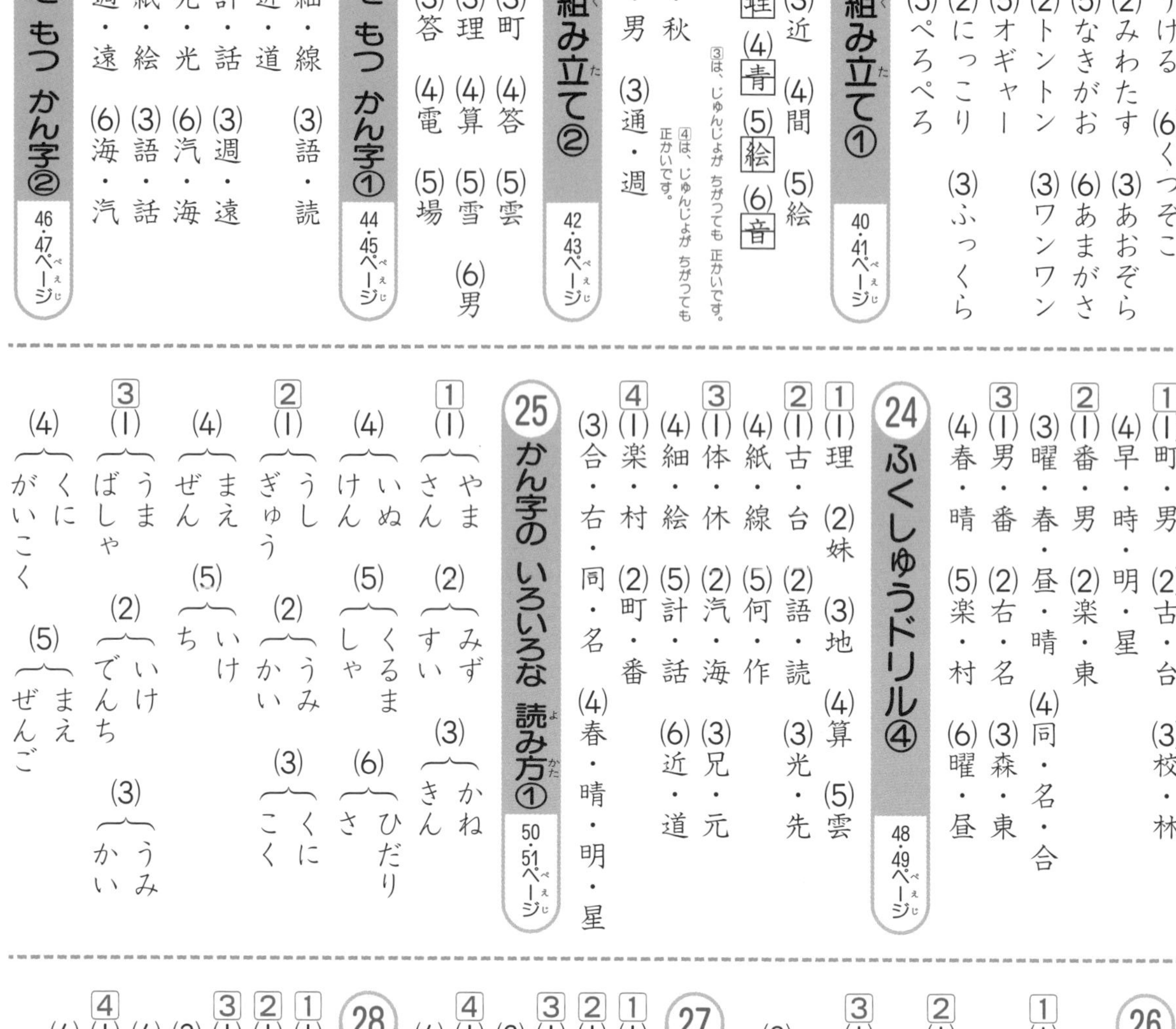

(4)はたけ　(5)うける　(6)くつぞこ
2 (1)まきがい　(2)みわたす　(3)あおぞら
(4)ながぐつ　(5)なきがお　(6)あまがさ
3 (1)ザーザー　(2)トントン　(3)ワンワン
(4)ゴロゴロ　(5)オギャー
4 (1)きらきら　(2)にっこり　(3)ふっくら
(4)ふわふわ　(5)ぺろぺろ

20 かん字の 組み立て① 40・41ページ

1 (1)休　(2)花　(3)近　(4)間　(5)絵
2 (1)汽　(2)雪　(3)理　(4)青　(5)絵　(6)音
3 思・近・間
4 (1)体・細・池・秋
(2)星・早・茶・男　(3)通・週

3は、じゅんじょが ちがっても 正かいです。
4は、じゅんじょが ちがっても 正かいです。

21 かん字の 組み立て② 42・43ページ

1 (1)林　(2)妹　(3)町　(4)答　(5)雲
2 (1)校　(2)地　(3)理　(4)算　(5)雪　(6)男
3 (1)姉　(2)校　(3)答　(4)電　(5)場

22 同じ ぶぶんを もつ かん字① 44・45ページ

1 (1)何・休　(2)細・線　(3)語・読
(4)兄・元　(5)近・道
2 (1)紙・絵　(2)計・話　(3)週・遠
(4)作・体　(5)先・光　(6)汽・海
3 (1)体・休　(2)紙・絵　(3)語・話
(4)先・光　(5)週・遠　(6)海・汽

23 同じ ぶぶんを もつ かん字② 46・47ページ

1 (1)町・男　(2)古・台　(3)校・林
(4)早・時・明・星
2 (1)番・男　(2)楽・東
(3)曜・春・昼・晴　(4)同・名・合
3 (1)男・番　(2)右・名　(3)森・東
(4)春・晴　(5)楽・村　(6)曜・昼

24 ふくしゅうドリル④ 48・49ページ

1 (1)理　(2)妹　(3)地　(4)算　(5)雲
2 (1)古・台　(2)語・読　(3)光・先
(4)紙・線　(5)何・作
3 (1)体・休　(2)汽・海　(3)兄・元
(4)細・絵　(5)計・話　(6)近・道
4 (1)楽・村　(2)町・番
(3)合・右・同・名　(4)春・晴・明・星

25 かん字の いろいろな 読み方① 50・51ページ

1 (1) やま／さん　(2) みず／すい　(3) かね／きん
(4) いぬ／けん　(5) くるま／しゃ　(6) ひだり／さ
2 (1) うし／ぎゅう　(2) うみ／かい　(3) くに／こく
(4) まえ／ぜん　(5) いけ／ち
3 (1) うま／ばしゃ　(2) いけ／でんち　(3) うみ／かい
(4) くに／がいこく　(5) まえ／ぜんご

26 かん字の いろいろな 読み方② 52・53ページ

1 (1) うえ・あ／うわ・じょう／かみ・のぼ
(2) あか・あ／あ・あき／めい・みょう
2 (1) 後・後／後・後　(2) 家・家／家・家　(3) 間・間／間・間
3 (1) あと・のち／こう・ご　(2) あいだ・ま／かん・げん
(3) いえ・か／や・け

27 なかまの かん字① 54・55ページ

1 (1)イ　(2)ア　(3)オ　(4)ウ　(5)エ
2 (1)あさ　(2)ひる　(3)よる
3 (1)牛・馬・鳥・魚　(2)池・海・岩・星
(3)東・西・南・北　(4)春・夏・秋・冬
4 (1)鳥・魚　(2)米・麦　(3)岩・星
(4)春・夏　(5)朝・昼

3は、じゅんじょが ちがっても 正かいです。

28 なかまの かん字② 56・57ページ

1 (1)ウ　(2)ア　(3)オ　(4)エ　(5)イ
2 (1)くび　(2)あたま　(3)がお
3 (1)父・弟・姉・妹　(2)前・後・左・右
(3)店・寺・町・市
(4)算数・音楽・読書・国語
4 (1)姉・弟　(2)頭・毛　(3)黄・黒
(4)家・店　(5)読書・国語

3は、じゅんじょが ちがっても 正かいです。

29 ふくしゅうドリル⑤ 58・59ページ

1 (1) いけ／でんち (2) くに／がいこく (3) うたごえ／こうか (4) あさひ／ちょうしょく

2 (1) あと・うし／ご・こう (2) あいだ・ま／かん・げん (3) あか・あ／めい・みょう

3 (1) 春・夏／秋・冬 (2) 東・西／南・北 (3) 谷・星／海・風

4 (1) 父・母／兄・弟 (2) 家・店／市・電車 (3) 国語・算数／音楽・教室

30 形のにたかん字① 60・61ページ

1 (1)大 (2)万 (3)目 (4)力 (5)牛

2 (1) 犬／太 (2) 方／万 (3) 目／自 (4) 力／刀 (5) 牛／午

3 (1) ~~万~~方へ (2) ~~目~~自分の (3) ~~力~~刀を (4) ~~牛~~午後に

31 形のにたかん字② 62・63ページ

1 (1)手 (2)母 (3)今 (4)地 (5)新

2 (1) 手／毛 (2) 母／毎 (3) 地／池 (4) 今／分 (5) 新／親 (6) 門／聞

3 (1) ~~母~~毎朝 (2) ~~地~~池の (3) ~~新~~親子 (4) 時~~聞~~間わり

32 同じ読み方のかん字① 64・65ページ

1 (1)気 (2)遠 (3)工 (4)花 (5)校 (6)兄 (7)交 (8)会 (9)下 (10)元

2 (1) 家／科 (2) 帰／記 (3) 海／会 (4) 原／言 (5) 教／京 (6) 光／校

3 (1) 校~~下~~歌を (2) ~~園~~遠足の (3) ~~気~~汽車に (4) 人~~原~~間の

33 同じ読み方のかん字② 66・67ページ

1 (1)午 (2)字 (3)時 (4)新 (5)五 (6)刀 (7)矢 (8)当 (9)心 (10)冬

2 (1) 後／語 (2) 字／時 (3) 森／親 (4) 冬／答 (5) 矢／家 (6) 会／合

3 (1) 中~~新~~心を (2) ~~会~~合う (3) ~~東~~当番を (4) ~~空~~明けて

34 ふくしゅうドリル⑥ 68・69ページ

1 (1) 犬／太 (2) 力／刀 (3) 今／分 (4) 万／方

2 (1) 汽／記 (2) 京／兄 (3) 園／遠 (4) 行／工 (5) 答／当 (6) 新／親

3 (1) ~~毎~~母が (2) ~~午~~牛の (3) ~~地~~池に (4) ~~間~~聞こえる (5) ~~親~~新しい

4 (1) ~~図~~会社の (2) ~~明~~空ける (3) ~~新~~親切な (4) ~~地~~自分で (5) ~~会~~合う

35 かなづかい① 70・71ページ

1 (1) (◯)( ) (2) ( )(◯) (3) (◯)( ) (4) ( )(◯)

2 (1)は・へ (2)わ・を (3)は・え (4)お・を (5)は・を

3 (1) ぼく~~わ~~は ボール~~お~~を… (2) きょう~~わ~~は プール~~え~~へ… (3) わたし~~わ~~は…字~~お~~を… (4) …姉~~わ~~は、デパート~~え~~へ…

36 かなづかい② 72・73ページ

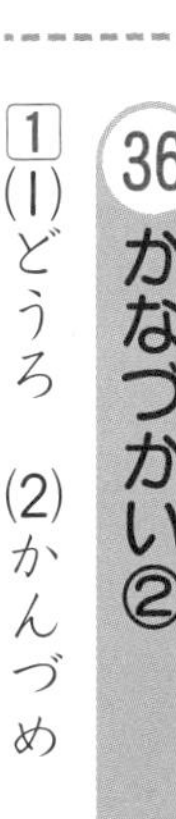

1 (1)どうろ (2)かんづめ (3)こおり

(4)じゅうえん　(5)すずめ　(6)おとうさん
(7)ちぢむ　(8)おおかみ

2 (1)う・お　(2)じ・ぢ　(3)う・づ
(4)う・ず　(5)お・づ

3 (1)~~ぢ~~(じ)めんで　こ~~う~~(お)ろぎが鳴く。
(2)おと~~お~~(う)との…ち~~じ~~(ぢ)んだ。
(3)…お~~う~~(お)きく　うな~~づ~~(ず)いた。
(4)おと~~お~~(う)さんから　こ~~ず~~(づ)かいを…。

37 丸（。）、点（、）、かぎ（「」）のつかい方①

74・75ページ

1 (1)（　）（◎）　(2)（◎）（　）　(3)（　）（◎）　(4)（◎）（　）

2 (1)犬が、…いる。　(2)…なって、さいた。
(3)きのう、…食べた。　(4)魚が、…いる。
(5)…まがると、…あります。
(6)きょう、…行きました。
(7)…行くと、…ありました。

3 (1)こいが、…　(2)きのう、…
(3)…つくと、…　(4)ぼくは、…
(5)きょう、…　(6)出したので、…

38 丸（。）、点（、）、かぎ（「」）のつかい方②

76・77ページ

1 (1)（◎）（　）　(2)（　）（◎）

2 (1)　わたしは、
「行ってきます。」

と言った。
(2)「ただいま。」
と、弟が言った。

(3)妹は、
「いただきます。」

と言って、ケーキを食べた。

3 (1)「おはよう。」　(2)「あそびに　行こう。」
(3)「おやすみ。」　(4)「あっ、とんぼだ。」

39 丸（。）、点（、）、かぎ（「」）のつかい方③

78・79ページ

1 (1)（　）（◎）　(2)（◎）（　）　(3)（　）（◎）

2 (1)ぼく、はしっている。
(2)ぼく、ねころんだの。
(3)わたしは、いるよ。
(4)わたしは、ブラシをつかう。
(5)わたしは、いしゃになりたい。

3 (1)①ここでは、ブラシを買う。
②ここで、はブラシを買う。
(2)①ぼく、はいしゃになりたい。
②ぼくは、いしゃになりたい。

40 丸（。）、点（、）、かぎ（「」）のつかい方④

80・81ページ

1 ウ

2 (1)
　あきらが、

「ボール、とって。」

とさけんだ。

(2)
「早く行こう。」

と、弟が言った。

※「早く行こう。」は、一ます　あけて、書いてもよい。

3
　妹が、

「あそぼう。」

と言った。ぼくは、

「公園に行こうか。」

と言った。

妹は、わらった。

41 ふくしゅうドリル⑦

82・83ページ

1 (1)わ・を　(2)う・へ　(3)う・お
(4)お・じ　(5)は・づ

2 (1)…えき~~え~~(へ)…　(2)お~~お~~(お)どおりで…
(3)…ち~~じ~~(ぢ)んだ。　(4)…かん~~ず~~(づ)めを…

3 (1)わたし、はいるよ。
(2)まさおはね、ころんだよ。
(3)そこで、はきものをぬいだ。
(4)母は、ブラシを買った。
(5)ぼく、はいしゃになりたい。

4
　たけしが、

「まけないぞ。」

と言った。

ぼくは、

「しょうぶだ。」

と言った。

42 文の組み立て①

84・85ページ

1 (1)花が　(2)はとは　(3)ぼくが
(4)わたしは

2 (1)花が　(2)犬が　(3)雲は　(4)せみは
(5)馬が　(6)牛が　(7)空が

3 (1)ぼくが　(2)おかあさんが　(3)わたしは

(4)妹は (5)先生が (6)弟は
(7)おとうさんは

43 文の 組み立て② 86・87ページ

1 (1)さく (2)走る (3)話す
(4)回った

2 (1)ほえる (2)歌う (3)なく (4)われた
(5)とんだ (6)やいた (7)のんだ

3 (1)さく (2)走る (3)ふる (4)とぶ
(5)およぐ (6)話す (7)わらう

44 文の 組み立て③ 88・89ページ

1 (1)きれいだ (2)おもしろい
(3)鳥だ (4)なき虫だ

2 (1)きれいだ (2)しずかだ (3)青い
(4)赤い (5)小さい (6)おもい (7)にぎやかだ

3 (1)魚だ (2)紙だ (3)なき虫だ
(4)二年生です (5)ゴムだ (6)花だ
(7)力もちだ

45 文の 組み立て④ 90・91ページ

1 (1) {(〇) ( )} (2) {(〇) ( )} (3) {( ) (〇)}

2 (1)ちょうが とぶ。 (2)ちょうは きれいだ。
(3)ちょうは 虫だ。 (4)ぼくが 走る。
(5)ぼくは 元気だ。 (6)ぼくは 二年生だ。

3 (1)ア (2)イ (3)ウ (4)ア (5)イ

46 文の 組み立て⑤ 92・93ページ

1 (1)大きな (2)小さな (3)白い (4)新しい

2 (1)ワンワン (2)すいすい (3)ひらひら
(4)ザーザー (5)きらきら

3 (1)大きな (2)小さな
(3)ひらひら (4)ザーザー

47 文の 組み立て⑥ 94・95ページ

1 (上が 主語・下が じゅつ語)
(1)犬が・ほえる (2)魚が・およぐ
(3)ちょうが・とぶ

2 (1)コップがガチャンとわれた。
(2)[れい]風船がふわふわとんだ。
(3)[れい]たいこをドンドンたたく。

3 (1)①ねこがなく。 ②[れい]とらがねる。
(2)①[れい]花が赤い。
②[れい]へやはしずかだ。
(3)[れい]たいは魚だ。

4 (1)大きな犬が、ワンワンほえる。
(2)[れい]小さな魚が、すいすいおよぐ。
(3)[れい]白いちょうが、ひらひらとぶ。
(4)[れい]はげしい雨が、ザーザーふる。

48 ふくしゅうドリル⑧ 96・97ページ

1 (1)話す (2)きれいだ (3)鳥だ
(4)およぐ (5)おもい (6)二年生だ

2 (1)大きな (2)赤い (3)新しい
(4)かわいい (5)白い

3 (1)ひらひら (2)きらきら (3)すいすい
(4)ザーザー (5)カリカリ

4 (上が 主語・下が じゅつ語)
(1)犬が・ほえる (2)花が・きれいだ
(3)おにいさんは・力もちだ (4)ぼくが・もつ

49 こそあどことば① 98・99ページ

1 (1)これ (2)それ (3)あれ (4)どれ

2 (1)それ (2)これ (3)あれ

3 (1)あれ (2)これ (3)それ (4)どれ

50 こそあどことば② 100・101ページ

1 (1)この (2)あの (3)ここ (4)あそこ

2 (1)その (2)どの (3)あそこ

3 (1)あそこ (2)この (3)どこ (4)あの

51 文を つなぐ ことば① 102・103ページ

1 (1)だから (2)でも (3)だから (4)でも

2 (1)だから (2)でも (3)だから
(4)でも (5)だから

3 (1)①だから、花がさいた。
②[れい]でも、花がさかなかった。
(2)①[れい]だから、けがをした。
②[れい]でも、けがをしなかった。

52 文を つなぐ ことば② 104・105ページ

1 (1)はじめに (2)つぎに (3)さいごに

2 (1)はじめに (2)つぎに (3)さいごに

3

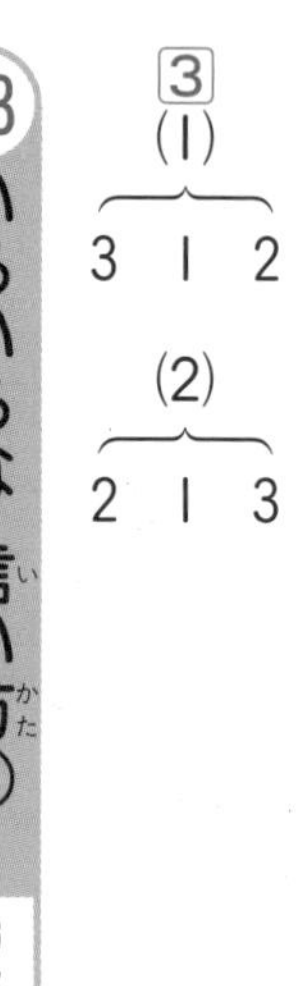

53 いろいろな 言い方① 106・107ページ

1 (1) （◎）（　） (2) （　）（◎） (3) （◎）（　） (4) （　）（◎）

2 (1) のんだ (2) あそんだ (3) わらった (4) 言った

3 (1) およいだ (2) なげた (3) あそんだ (4) のんだ (5) のった

54 いろいろな 言い方② 108・109ページ

1 (1) （◎）（　） (2) （　）（◎） (3) （　）（◎） (4) （　）（◎）

2 (1) 読みます (2) 歩きます (3) 色です (4) 入りません

3 (1) のぼります (2) 山です (3) およぎました (4) 通りますか (5) のりません

55 いろいろな 言い方③ 110・111ページ

1 (1) （　）（◎） (2) （　）（◎）

2 (1) （◎）（　） (2) （　）（◎）

3 (1) 行ったそうだ (2) かうそうだ (3) まくそうだ (4) きったそうだ

4 (1) さくだろう (2) するようだ (3) 来たようだ (4) ねるらしい

56 いろいろな 言い方④ 112・113ページ

1 (1) （◎）（　） (2) （　）（◎） (3) （　）（◎）

2 (1) ねなさい (2) のりたい (3) 見ますか

3 (1) 買いたい (2) はこんでください (3) けしゴムですか

57 ふくしゅうドリル⑨ 114・115ページ

1 (1) これ (2) あの (3) ここ

2 (1) はじめに (2) つぎに (3) おわりに

3 (1) およいだ (2) なげた (3) あそんだ (4) のんだ (5) わらった

4 (1) 歩きます (2) ちょうです (3) 帰りました (4) およぎますか (5) 見えません

58 テスト① 116・117ページ

1 (1) エジソン・スイス (2) ミルク・パトカー (3) ケロケロ・ワンワン (4) ドボン・バタン

1は、じゅんじょが ちがっても 正かいです。

2 (1) トラック・バス (2) ランドセル・ノート (3) パン・マーガリン

2は、じゅんじょが ちがっても 正かいです。

3 (1) 多い (2) かつ (3) はく (4) やすい

4 (1) ドンドン (2) ふっくら (3) ぺろぺろ (4) ジャージャー (5) にっこり

59 テスト② 118・119ページ

1 (1) 池・海 (2) 語・読 (3) 曜・昼 (4) 週・遠・道・通

2 (1) 科 家 (2) 元 原 (3) 海 会 (4) 時 地 (5) 線 船 (6) 空 明

3 (1) 午（牛）にゅうを (2) 閒（聞）こえる (3) 公遠（園）まで (4) 当（東）京へ (5) 合（会）った

4 「早く 行こう。」「少し まってよ。」

5 (1) ここでは、きものを買う。 (2) ぼくは、いしゃになりたい。

60 テスト③ 120・121ページ

1 (1) なげる (2) ばっただ (3) おもい (4) 歌う (5) きれいだ (6) なき虫だ

2 (1) あそこ (2) あの (3) この

3 (上が 主語・下が じゅつ語) (1) とらが・ほえる (2) 電とうが・明るい (3) 魚は・こいだ (4) ぼくが・もつ

4 (1) あそびます (2) いるかです (3) 買います (4) 歩きますか (5) 走りません